城乡融合背景下

梅 莹◎著

人口"逆城市化"趋势、
动因及引导策略研究

——以长江经济带为例

九 州 出 版 社
JIUZHOUPRESS

图书在版编目（CIP）数据

城乡融合背景下人口"逆城市化"趋势、动因及引导
策略研究：以长江经济带为例 / 梅莹著 . — 北京：九
州出版社，2023.9
ISBN 978-7-5225-2231-9

Ⅰ．①城… Ⅱ．①梅… Ⅲ．①人口—城市化—研究—
中国 Ⅳ．① C924.24

中国国家版本馆 CIP 数据核字（2023）第 190442 号

城乡融合背景下人口"逆城市化"趋势、动因及引导策略研究
　　——以长江经济带为例

作　　者　梅　莹　著
责任编辑　周　春
出版发行　九州出版社
地　　址　北京市西城区阜外大街甲 35 号（100037）
发行电话　（010）68992190/3/5/6
网　　址　www.jiuzhoupress.com
印　　刷　武汉鑫佳捷印务有限公司
开　　本　787 毫米 ×1092 毫米　16 开
印　　张　11.25
字　　数　160 千字
版　　次　2023 年 9 月第 1 版
印　　次　2023 年 9 月第 1 次印刷
书　　号　ISBN 978-7-5225-2231-9
定　　价　72.00 元

前　言

　　在现代化发展过程中，"城市病"与乡村凋敝成为普遍存在的世界性问题，给城乡可持续发展及融合发展带来挑战。我国一直致力于打破城乡二元结构，重塑城乡关系，推动城乡要素双向自由流动。为此，国家先后提出了城乡统筹发展、一体化发展、融合发展等战略规划。特别是党的十九大做出了建立健全城乡融合发展体制机制和政策体系的重大战略部署，并发布了《中共中央 国务院关于建立健全城乡融合发展体制机制和政策体系的意见》。该文件提出了"坚决破除体制机制弊端，促进城乡要素自由流动、平等交换和公共资源合理配置，加快形成工农互促、城乡互补、全面融合、共同繁荣的新型工农城乡关系，加快推进农业农村现代化"的战略决策。城乡融合发展的关键在于能够对城乡的基础设施、公共服务、空间布局结构、产业发展、资源环境等进行统筹协调，推动资本、资源、人才、土地等要素的双向流动。"逆城市化"作为城市发展的一种特殊现象，在一定程度上促进了人口、资源、资本由城市中心区向远郊、乡镇的集聚。从长远来看，"逆城市化"既可以在一定程度上解决城市中心由于过度集聚造成的"城市病"及公共服务无法满足居民需求的窘境，同时也能为村镇发展带去更多的"资源"，为城乡融合及乡村振兴提供良好前景。总而言之，研究我国现阶段的"逆城市化"问题既可以精准判定人口流动的新特点、新趋势，又可以推动城乡融合发展与乡村振兴。

从本书的结构与行文逻辑来看，本书沿着"中外'逆城市化'梳理——长江经济带主要城市的'逆城市化'现状——基于宏观供给视角、微观需求视角的实证分析——引导策略与结论"的研究逻辑，将全文分为七个部分。具体而言：

第一章：导论。首先，本书概述了"逆城市化"现象不断出现及其对乡村振兴、城乡融合发展的助推作用，在此背景下提出本书的研究意义与价值。其次，明确了本书的研究思路与行文结构。同时，对"逆城市化"等核心概念进行了解析，并形成了对"逆城市化"概念的本土化界定。此外，以人口迁移动机理论及福利经济学相关理论为基础，对理论框架进行了设定。

第二章：历史回溯：国内外"逆城市化"研究。本章首先运用Citespace文献分析软件，对国内外关于"逆城市化"的研究热点与趋势进行了分析，并对如何测度"逆城市化"趋势以及人口"逆城市化"的迁移动因等进行了回溯，全面厘清"逆城市化"的发生与发展。

第三章：城乡关系发展背景下我国"逆城市化"现象的演进特征分析。我国的"逆城市化"现象与城乡政策的发展演变有着密不可分的关系。因此，本章首先梳理了我国的城乡关系政策，并在此基础上厘清了我国城乡关系在发展过程中的演变。其次，对我国各个阶段出现的"逆城市化"现象进行了梳理，归纳总结出在城乡关系发展的不同阶段我国"逆城市化"现象的表征。

第四章：长江经济带主要城市人口"逆城市化"趋势分析。本章首先采用逐步剔除法，通过测算长江经济带上海、南京、杭州、合肥、南昌、长沙、武汉、重庆、成都、昆明、贵阳十一市的城镇化率、城市中心区、近远郊以及乡镇的人口变动情况、人口空间分布状况、人口集中度指数和ROXY指数，初步识别出上海、南京、武汉、南昌、昆明、贵阳出现了"逆城市化"端倪。其次，根据"逆城市化"定义及逐步剔除法中考察的指标，建立了"逆城市化"趋势综合测评指标体系，并利用熵值法对以上六个城市的综合"逆城市化"趋势进行了测度。

第五章：基于宏观视角，从供给侧出发，以长江经济带六个城市为研究区域，实证分析了2015—2019年经济因素及乡镇公共服务供给水平对人口"逆城市化"的影响。首先，根据"刘－拉－费"二元经济模型、托达罗模型和配第－克拉克理论，提出了人口"逆城市化"的经济驱动模型，并实证分析了城乡收入差距、迁移成本、产业结构和农村经济发展水平对人口"逆城市化"的影响。其次，根据蒂布特的"用脚投票"假说，验证了公共服务供给水平对人口"逆城市化"的影响。

第六章：基于微观视角，从需求侧出发，分析了个体福利状况及家庭因素对人口"逆城市化"的影响。首先，基于阿玛蒂亚森的可行能力理论和家庭迁移决策理论，对社会保障、收入水平、社会融入和居住条件等个体现有福利水平以及家庭规模和家庭责任等家庭因素对人口"逆城市化"意愿的影响进行了实证分析。其次，从城市规模效应、群体异质性和个体异质性的角度，对上述关系进行了更为深入的探讨。

第七章：引导策略及主要结论与展望。本章通过厘清我国"逆城市化"与城乡融合发展之间的关系，对造成"逆城市化"的原因进行了深入探讨与审视，提出了合理利用"逆城市化"趋势、促进城乡融合发展的策略，以及提供满足个体福利需求的公共服务、促进人口双向自由流动的策略。此外，在理论分析和实证分析的基础上，对本书的主要结论进行了提炼，同时也总结了研究的不足。

由衷感谢为本书提出宝贵修改意见的各位指导老师、各位同仁以及九州出版社的编辑老师们。希望本书能为后续人口流动研究和城乡融合发展研究提供更为多样化的思考方式与研究视角。

目　录

第一章　导　论

一、"逆城市化"研究何以兴起：背景与意义

城乡发展政策的偏向性在引导人口迁移流动过程中发挥着不可忽视的作用。人口流动的空间分布结果是城乡政策结构性演进的具体表现，因此关注政策偏向与人口迁移流动的互动关系具有重要的理论及现实意义。我国现阶段的人口分布呈现出多样性特点：人口迁移的目的地更趋分散，跨省迁移趋势减弱，人口"逆城市化"趋势日益明显，人口回迁数量明显增多，以公共服务为导向的迁移行为日益显著。既要适应人口流动格局的动态变化，又要有前瞻性地引导人口合理、有序、畅通、自由地流动，这是城乡关系及发展政策调整的着眼点与落脚点。本书的研究即是在对现实"逆城市化"现象的关注与对城乡发展政策调适的思考基础上提出的。本章的重点在于梳理国内外研究热点和趋势的基础上，阐明本研究的行文思路、基本结构、技术路线，以及需要用到的研究方法和可能存在的创新之处。

1. 选题背景

（1）现实的挑战与机遇：城乡融合发展与人口迁移新动向

我国的城乡关系经历了从二元对立到一体化再到互助融合的发展阶

段。自党的十六大以来，党中央和国务院相继提出了城乡统筹发展、城乡一体化发展以及城乡融合发展的理念，以期推进新型城镇化建设、促进乡村振兴和农业农村现代化。特别是从党的十九大到十九届四中全会以及十九届五中全会，不断强调建立健全的城乡发展融合机制和政策体系的重要性。城乡融合发展关系到如何破解城乡发展的不平衡不充分、如何将城市和农村农业现代化贯通，以及如何保障城乡居民能够平等参与现代化建设进程。城乡融合的核心在于人，促进人的自由迁徙和社会融入是城乡融合发展的重点之一。人口能够在城乡和区域间自由迁徙是实现人的自由全面发展的首要条件之一。可以看出，城乡融合政策为人口流动带来了强有力的信号。随着城乡关系的不断协调和发展，人口"逆城市化"现象呈现出多样化趋势。因此，如何认识这一新型的人口迁移现象？我国"逆城市化"现象的发生发展与城乡融合的关联性如何？如何处理"逆城市化"与城镇发展、乡村振兴之间的关系？如何进一步完善相关政策，以达到促进人口自由流动的目的？这些问题既可能为日后城乡发展政策的调整带来挑战，又可能成为城乡发展的新机遇。

城乡融合发展的关键在于如何更好地实现城乡互促和乡村振兴。"乡村是具有自然、社会、经济特征的地域综合体，兼具生产、生活、生态、文化等多重功能，与城镇互促互进、共生共存，共同构成人类活动的主要空间"，"乡村兴则国家兴，乡村衰则国家衰"[①]。在"两个一百年"奋斗目标的历史交汇期，实施乡村振兴战略是解决新时代我国主要矛盾、实现两个一百年奋斗目标和中华民族伟大复兴中国梦的必然要求。同时，实现乡村振兴是我国建设现代化经济体系，提升农民幸福感、获得感和安全感，实现全体人民共同富裕的必然选择。城乡融合发展是落实乡村振兴战略的基本原则，而"逆城市化"能够在一定程度上为城乡融合发展提供新的契机。在城市现代化发展进程中，乡村衰退、凋敝成为一个普遍显现的

---

① 中共中央 国务院《乡村振兴战略规划（2018—2022）》.

全球性问题。一些发展中国家，例如阿根廷、墨西哥更是坠入了"现代化陷阱"中。乡村衰落给城市现代化和可持续发展带来了严峻的挑战。因此，世界发达国家都在社会经济和城市化发展到一定阶段时提出了振兴乡村的策略（表1-1）。我国一直高度重视乡村发展，在深刻理解现代化建设规律和城乡关系变化特征的基础上，党的十九大首次提出了乡村振兴战略，为解决我国新时代的主要矛盾，实现全体人民的共同富裕，提升农民获得感、幸福感和安全感提供了战略方针。城市和乡村是命运共同体，只有相互支持、互相促进才能实现共生共荣和和谐发展。因此，重塑城乡关系，坚持城乡融合发展成为实现乡村振兴的基本原则和必由之路。城乡融合发展需要统筹考虑城乡空间布局结构、产业发展、基础设施、公共服务、资源能源、生态环境等方面的规划，同时也需要推动人才、土地、资本等要素的双向流动。而"逆城市化"作为城市发展的一个阶段，具体表现为人口空间分布格局的转变，人口由向中心城区集聚转变为向周边腹地、中小城市、小城镇和乡村集聚。这种变化在一定程度上可以解决中心城区的"城市病"，同时为村镇发展带来资本和人才等要素，为城乡融合发展和乡村振兴带来良好契机。

表1-1 世界发达国家乡村振兴战略汇总表

国家/地区	乡村振兴政策/文件	政策要点
欧盟	共同农业政策	1. 促进农业知识传播、分享和创新； 2. 创新农业生产经营方式，提高农业发展能力； 3. 发展食品链组织，加强农业风险管理； 4. 恢复、保护和增强农业生态系统； 5. 促进农村社会融合、减贫和经济发展
英国	《城乡规划法》 《国家公园和享用乡村法》 《村镇规划法》	1. 加大农业和乡村的保护力度； 2. 改善乡村生活环境； 3. 与时俱进地优化乡村发展战略
法国	《土地指导法》 《乡村整治规划》 《土地占用计划》 《法国农村发展实施条例（2010—2015）》	1. 健全完善乡村更新发展的制度机制； 2. 建立土地与乡村整治公司，调整农业规模结构； 3. 建立农业结构行动基金； 4. 完善基础设施； 5. 促进乡村产业发展与功能更新

续表

国家／地区	乡村振兴政策／文件	政策要点
美国	"分区规划约束性条款""美国乡村制造"倡议《清洁水法》《濒危动物法》	1. 推动农业智能化、信息化；2. 降低农村消费税；3. 制定城乡相同的医疗、养老制度标准；4. 改善乡村生活、居住条件；5. 保护乡村环境；6. 财政援助乡村基础设施建设和公共服务发展
日本	《农地法》《关于农业振兴地域法律》《粮食、农业、农村基本法》《农业人养老金基金法》《农业经营基础强化促进法》	1. 推行"家乡税"制度；2. 促进乡村产业多样化发展；3. 为年轻人创造就业岗位，提供3年固定工资

（2）事实的发生与关注："逆城市化"现象已引起学界和政府的广泛关注

根据城市发展的诺瑟姆曲线，一般情况下，"逆城市化"现象会在城镇化率达到并超过70%的城市发展中后期出现。虽然我国的总体城镇化率还未达到这一水平，但是由于我国城镇发展不均衡，许多城市的城镇化率已远超过70%（城镇化率＝城镇人口／总人口），甚至接近100%（图1-1），这说明这些城市已经具备了引发"逆城市化"的一般条件。此外，根据城市化发展"三阶段"理论，当城镇化率在50%～70%时，城市进入"结构调整"为主的阶段；当达到并超过70%后，进入"质的提升为主"的阶段。①西方发达国家的城市化经验证明，大城市的集聚发展存在一个上限，过度集聚会带来负面效应，导致城市竞争力下降。因此，在防止陷入大城市超前发展、中小城市滞后发展、乡村停滞发展的失衡局面上，我们应重视"逆城市化"现象。近年来，我国的城市化发展水平高速增长，城镇化率由1978年的17.92%增长到2019年的60.60%，这种高速发展的城市化进程使得特大城市和大城市迅速兴起，吸引着全球目光。

---

① Sholtz D A，Willsen R A，薛国屏．城市生态学［J］．世界科学，1980（6）：27-32.

尽管当前我国城市化发展仍是主流趋势，但已经出现了"逆城市化"现象。具体表现为"逃离北上广"、东南沿海地区"民工荒"、江浙等地出现的"非转农"、城市人口因"城市病"和高房价向城郊迁移、"离城返乡"等现象。此外，根据 2017 年全国流动人口卫生计生动态监测调查数据显示，仅 30.2% 的流动人口选择在流入地定居，34.5% 的流动人口不愿将户籍迁入现居地，而在不打算定居本地的人口中，至少有 66.5% 选择回流返乡。[①] 根据国家统计局数据，自 2010 年以来我国农民工总量增速现持续回落趋势，2018 年我国东部地区农民工数量比上年减少 185 万人，而中西部地区的农民工数量比上年增加 378 万人，增长率为 3.2%。这说明现阶段人口流向与流动目的地呈现出多样化特点。[②] 此外，频繁的行政区划调整掩盖了城市蔓延、"逆城市化"等问题，不利于新型城镇化、乡村振兴及城乡协调发展政策的正确推进，亦不利于厘清我国人口迁移发展的真实动向。

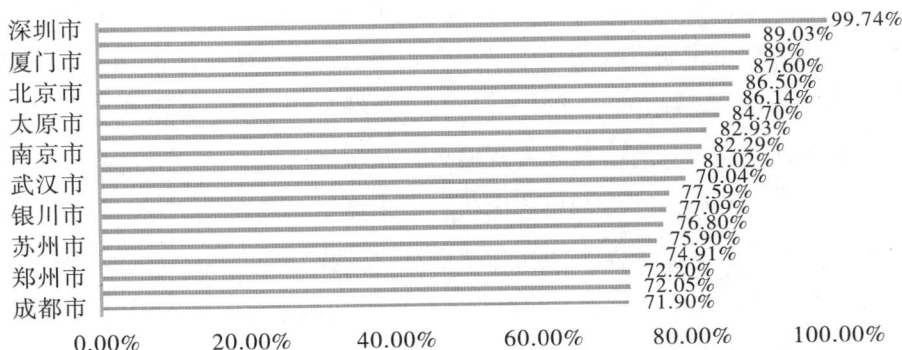

图 1-1　2018 年我国城镇化率超过 70% 的城市（部分）

注：数据整理自各市《2019 年国民经济和社会发展统计公报》。

---

① 国家卫生健康委员会. 中国流动人口发展报告 2018［M］. 中国人口出版社，2018：10-36.

② 国家统计局. 2019 农民工监测调查报告［EB/OL］.［2020-05-26］. http://www.stats. gov.cn/sj/zxfb/202302/t20230203_1900710.html.

2018 年"两会"期间，习近平总书记在参加广东代表团审议时强调，"一方面要继续推动城镇化建设，另一方面，乡村振兴也要有生力军。要让精英人才到乡村的舞台上大施拳脚，让农民企业家在农村发展壮大。城镇化、逆城镇化两个方面都要致力推动。城镇化进程中农村也不能衰落，要相得益彰，相辅相成"①。习近平通过总结城镇化与逆城镇化的关系，指出逆城镇化并不是城镇化的对立面，而是从另一个角度对城镇化发展的吐故纳新。同时，他也提出城镇发展不能以牺牲农村为代价，城市和乡村应共同繁荣。此外，《乡村振兴战略（2018—2022 年）》中明确指出了统筹城乡发展空间的方向："以城市群为主体构建大中小城市和小城镇协调发展的城镇格局，增强城镇地区对乡村的带动能力。加快发展中小城市……推动农业转移人口就地就近城镇化。"因此，推动城镇化与乡村振兴的发展，合理借助"逆城市化"的正向力量推动乡村振兴、解决"城市病"，促使城乡同发展、共繁荣等议题应成为今后致力研究和探讨的方向。

自 20 世纪 90 年代以来，有学者陆续开始关注国外的"逆城市化"现象。然而，多数学者将研究视角集中于辨析我国"逆城市化"之真伪、对比发达国家与我国"逆城市化"的发展历程、总结与归纳"逆城市化"的概念与表征等问题上。只有少量学者从城乡二元经济结构、推拉理论、户籍约束等视角对"逆城市化"现象的成因进行了阐释。而在城乡融合这一背景下，尚未有研究从公共服务及个体福利视角对"逆城市化"趋势及动因进行实证分析。因此，本研究认为，只有深入探明"逆城市化"产生的根本原因，才能从根源上把握影响人口"逆向"流动的因素，为制定精确的城乡融合发展战略以及乡村振兴战略提供科学依据。

---

① 李铁．关注逆城镇化现象 推动乡村振兴发展——学习习近平总书记关于城镇化和逆城镇化的讲话精神［J］．人民论坛，2018，595（15）：58-60.

2.选题意义

从理论层面来看，有助于丰富"逆城市化"研究的语境内涵，并能进一步完善"逆城市化"及人口迁移研究的理论架构。一方面，需要将"逆城市化"概念置于本土语境下进行思考。西方学者在定义"逆城市化"概念时，常常基于"城市高度发展"的假设前提，由"城市病"引起的城市人口向外迁移这一社会现象，归纳总结出"逆城市化"概念。但是，我国的"逆城市化"现象具有复杂性和多样性，单纯沿用、借用西方现有的"逆城市化"概念具有较大局限性。因此，本研究在总结和归纳新中国成立以来我国出现的"逆城市化"现象的基础上，提炼出符合本土实际的"逆城市化"概念。另一方面，有助于丰富"逆城市化"及人口迁移研究的理论架构。推拉理论、二元经济模型理论和托达罗预期收入理论是较为经典且常被使用的分析人口迁移动因及"逆城市化"生成机理的理论。但是，这些理论大多从人的经济理性出发，探讨城乡工资差异、就业机会、失业率、个性特征等因素对人口迁移的影响。随着我国综合国力的不断提升和社会主要矛盾的转化，以提升农民获得感、幸福感、安全感的乡村振兴战略和"以人为本"的新型城镇化战略都将保障和改善民生、增进人民福祉放在首位，人口迁移的动因也更多集中于追求平等享有基本公共服务和社会福利的需求之上。因此，本书从宏观供给和微观需求两个视角出发，构建了人口"逆城市化"迁移流动的动因分析框架，对人口迁移理论及"逆城市化"现象产生动因进行了理论补充。

从实践层面来看，有助于为城乡融合及人口自由流动政策的落实落地创造新的机制。"逆城市化"意味着人口流动方向的改变，从向超大、特大城市、大城市集聚转变为向远郊、中小城市和乡镇集聚；同时也意味着一些产业和资本由城市向郊区和农村转移。因此，对于乡镇发展来说，如何抓住这一良好契机，使乡村有能力承接资本、留住人才成为关键。从顶层设计层面来看，缩小城乡之间的福利差距，完善公共服务供给体系，促进农村基础设施的完善等应成为政府关注的重点。因此，本研究能够在一定程度上为协调城镇化、"逆城市化"与乡村振兴之间的关系，更好地发挥城乡融合发展战略的作用提供可供参考的运行方式。

二、核心概念解析

1. "逆城市化"

（1）国外有关"逆城市化"概念的界定

西方学术界对"逆城市化"概念的界定并未形成一致意见，学者大多从城市化与"逆城市化"关系、人口迁移的地理空间选择、城市发展阶段等视角对"逆城市化"进行释义。[①]"逆城市化"（Counter-urbanization）的概念最早由美国学者 Brain J.L.Berry 提出，用以描述美国在 20 世纪 50—70 年代出现的大都市区人口减少而非都市区人口快速增长的现象。他通过回顾城市化内涵，并从城市化与"逆城市化"的关系出发，逆向推导得出"逆城市化"是一个人口分散的过程，即人口从一个较为集中的状态转变为一个不太集中的状态，并伴随着人口规模的缩小、密度的下降以及异质性的下降等特征。从人口迁移流向的空间选择来看，菲尔丁（Fielding）认为，"逆城市化"是指人口的空间分化过程，是地区面积与人口变化率成反比时出现的一种现象。[②]Robert 和 Randolph 认为，"逆城市化"的发生需要有两个先决条件：去中心化（Decentralization）和去集中化（Deconcentration）。[③]

---

① 张启春，梅莹. 长江经济带人口空间分布的"逆城市化"趋势及影响因素研究［J］. 华中师范大学学报（人文社会科学版），2020，59（1）：43-53.

② Fielding A J. Counterurbanisation in Western Europe［J］. *Progress in Planning*，1982，（17）：1-52.

③ Robert S，Randolph W G. Beyond decentralization：the evolution of population distribution in England and Wales，1961—1981［J］. *Geoforum*，1983，14（1）：75-102.

去中心化是指人口由城市中心向外移动，去集中化是指人口向大都市以外的地区分散运动。其他学者认为，"逆城市化"是人口沿定居点等级向下迁移的过程。[①] 但对于人口"逆城市化"目的地的选择有哪些尚未形成一致意见，大体可划分为以下几种：迁移至毗邻大都市周边区、城市外围小镇、县或农村。[②] 尽管已有很多学者为其释义，但后续研究者仍认为这是一个混乱的概念。Cloke 指出，"逆城市化"是一个包罗万象的笼统概念；[③]Sant 和 Simon 也声称其是一个难以捉摸的概念。[④] 为减少混淆，促进一致性，Mitchell 为"逆城市化"概念提供了一个集成框架，他认为可以用三个概念的合集来解释"逆城市化"：Counterurban，Counterurbanizing 以及 Counterurbanization。[⑤]Counterurban 借鉴了 Cross 提出的概念[⑥]，用以描述一种人口分散的定居模式；Counterurbanizing 是在 Champion 提出的概念[⑦]基础上稍作调整后得出的，用以描述定居模式由集中状态转变为分散状态的过程；Counterurbanization 是指人口的逆向迁移运动过程。从城市发展的视角来看，Klaassen 等学者认为"逆城市化"是城市发展进程中的一个阶段，是城市

[①] Burnley I H, Murphy P A. Residential location choice in Sydney's perimetropolitan region [J]. *Urban Geography*，1995，16（2）：123-143.

[②] Mitchell C J. Making sense of counterurbanization [J]. *Journal of Rural Studies*，2003：18-19.

[③] Cloke P. Counterurbanisation：a rural perspective [J]. *Geography*，1985（70）：13-23.

[④] Sant M，Simon P. The conceptual basis of counterurbanization：critique and development [J]. *Australian Geographical Studies*，1993（31）：113-126.

[⑤] Mitchell C J. Making sense of counterurbanization [J]. *Journal of Rural Studies*，2003：18-19.

[⑥] Cross D. Counterurbanization in England and Wales [J]. *Adlershot：Avebury*，1990（22）：32.

[⑦] Champion A G. *Internal migration，counterurbanization and changing population distribution* [M]//Hall R，White P.（Eds.），Europe's Population：Towards the Next Century. UCL Press，London，1995：99-129.

发展到一定阶段的产物。① 其提出的"空间循环假说"理论认为，城市化空间发展可分为"城市化—郊区化—'逆城市化'—再城市化"四个阶段，当城市中心人口的减少数量超过外围区域人口的增加数量时，城市就进入了"逆城市化"阶段（图1-2、表1-2）。

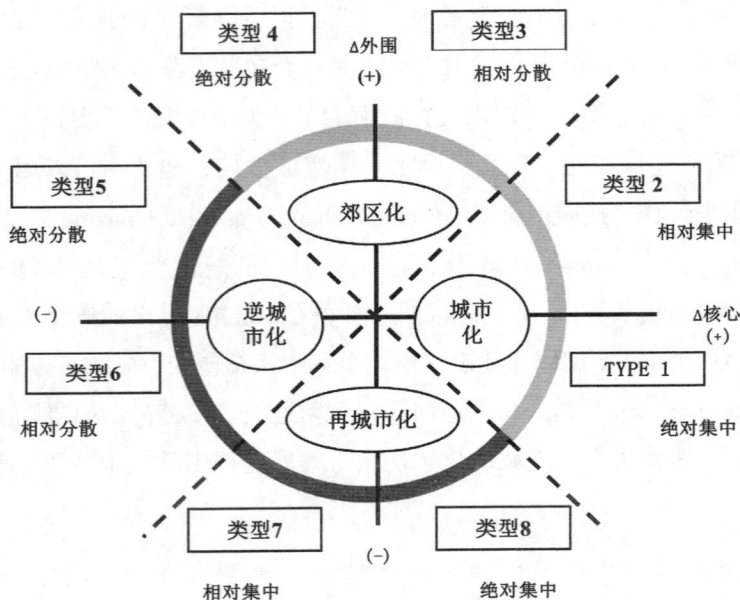

图 1-2　Klaassen 城市发展"空间循环"假说

注：△核心：核心区人口的绝对变化；△外围：外围人口的绝对变化。本图整理自参考文献②。

①　Klaassen L，Mglle W，Paelinck J. *Dynamics of urban development*［M］. Hampshire：Gower Publishing Company Ltd.，1979：20-34.

②　Tatsuhiko kawashima，Atsumi fukatsu and Noriyuki hiraoka. *Re-urbanization of Population in the Tokyo Metropolitan Area：ROXY-index/Spatial-cycle Analysis for the Period 1947— 2005*［C］. 学习院大学经济论集，2007，44（1）：364-376.

表 1-2　城市空间发展路径表

城市化路径	阶段	人口变化	
		城市中心	城市外围
城市化	绝对集中	++	--
	相对集中		
郊区化	相对分散	+	++
	绝对分散		
逆城市化	绝对扩散	--	+
	相对扩散		
再城市化	相对集中	+	-
	绝对集中		

（2）国内有关"逆城市化"概念的界定

较之国外，国内对"逆城市化"的研究较晚，并且大多是基于国外已有研究基础上建立的。对于"逆城市化"的定义也更多是就事论事、相互分割，呈现出多样化、复杂化和多学科的特点，总体上还未形成完整的体系。研究主要从以下几个主线展开：对西方"逆城市化"定义的回顾与总结；在对我国具体"逆城市化"现象剖析的基础上凝练出具体概念；尝试从多视角、多维度解释中国本土的"逆城市化"概念。

早期国内学者对"逆城市化"的研究主要是基于对西方研究成果的回顾与总结。在这些研究中，既存在着对中国本土是否有生长土壤的质疑，也有支持和赞同的声音。王旭对"逆城市化"论提出疑问，认为"'逆城市化'论是对城市发展的狭隘解读，有悖于城市发展的总体规律"，同时，孤立地考察郊区化概念是片面的，不能简单地将郊区化与"逆城市化"等同。[①] 孙群郎认为"逆城市化"概念的提出为时过早，其本质是郊区化进程的继续，是城市不断扩张、大都市区进一步膨胀的结果。[②] 张善余是较

---

① 王旭."逆城市化"论质疑[J].史学理论研究，2006（2）：5-15.

② 孙群郎.20世纪70年代美国的"逆城市化"现象及其实质[J].世界历史，2005（1）：19-27.

早关注"逆城市化"的学者，他认为"逆城市化"是城市发展过程中的一个新阶段，其含义可被解释为"大城市人口出现萎缩，城市人口占总人口比重下降，人口由中心城市向郊区及外围村镇迁移，乡镇人口回升，中小城镇、乡村得以发展"。[①] 单德启认为，在中国本土提"逆城市化"并不是与城市发展主旋律唱反调，而是基于一定事实的，是有据可循的。他认为"逆城市化"与城市化是互补的，是资金、劳动力、信息和技术的由城入乡。[②] 之后的学者多是在具体的"逆城市化"实践中总结经验，"一事一议"，以具体事实为依据，抽象得出"逆城市化"概念。邱国盛通过回顾1949—1978年我国历史上的"逆城市化"现象，总结出"逆城市化"是社会主义现代化道路的必然产物，其核心特征是人口由城到乡大量持续的迁移。[③] 由于受我国特殊的户籍制度及城乡二元经济结构的影响，黄少安和孙涛将"非转农"视为本土"逆城市化"的一种，即户籍上的非农业人口转变为农业人口，或城市居民转移到乡镇居住。[④] 蒋长流和张松祺通过观察两个群体——农民工和"非转农"群体的回流农村现象，将"逆城市化"定义为反向城市化，具体表现为城市生活方式向农村生活的回归。[⑤] 张世勇进一步细化了回流农民工的类别，通过研究新生代农民工的回流现实，将"逆城市化"总结为农民工在综合主客观条件后主动选择长期回流流出地的现

---

① 张善余. "逆城市化"——最发达国家人口地理中的新趋向 [J]. 人口与经济，1987（2）：57–62.

② 单德启. 对加强 21 世纪"逆城市化"现象研究的建议 [J]. 建筑学报，1997（10）：14–15.

③ 邱国盛. 当代中国"逆城市化"研究（1949–1978）[J]. 社会科学辑刊，2006：171–176.

④ 黄少安，孙涛. 中国的"逆城市化"现象："非转农"——基于城乡户籍相对价值变化和推拉理论的分析 [J]. 江海学刊，2012（3）：90–96.

⑤ 蒋长流，张松祺. "逆城市化"：观察维度与制度反思 [J]. 上海经济研究，2015（7）：91–98.

象。[①] 在这些研究的基础上，现阶段对"逆城市化"的研究着眼于多重视角，尝试给予这一概念多样化、全面化和本土化的解读。吴玥荻对"逆城市化"的定义进行了多方面的解读。[②] 从形成特征的角度来看，该概念的范围较广，主要指人口由城市流向农村、中心城区人口密度下降、卫星城兴起和产业向周边扩散等现象。从出现阶段来看，"逆城市化"现象多出现于城市化后期，城市化率超过 70%，是城市化进程的必然阶段，也是城市化推进到高级阶段的产物。从覆盖范围来看，"逆城市化"可以在全国范围内广泛发生。王兴周从多重视角剖析了"逆城市化"概念的含义。他认为从人口统计的视角分析，"逆城市化"可解释为城市化过程出现逆转，人口由中心城市向腹地分散的过程；从个体流动的视角来看，"逆城市化"是个体或家庭的反向运动，从等级较高的城市向较低的城市或乡村流动；从乡村振兴的视角来看，"逆城市化"专指个体由城市向农村流动或迁移。[③] 肖瑞青等学者认为可以从三个方面总结"逆城市化"的内涵。一是"逆城市化"是人口、产业等资源由城市核心区向周边小城市、郊区小镇、农村等地区的转移；二是"逆城市化"并不是反城市化或去城市化，而是城市核心区的再造过程，具体体现在城市核心区空间的再造、职能及产业的再造；三是"逆城市化"发生在城市化水平较高的核心城区，是城市发展区域再分配的过程，能够促进区域的平衡发展（图 1-3）。[④]

---

① 张世勇. 新生代农民工"逆城市化"流动：转变的发生［J］. 南京农业大学学报（社会科学版），2014，14（1）：9-19.

② 吴玥荻. 中国城市化进程中人口"逆向"迁移流动动因分析［M］. 北京：经济科学出版社，2017：31-32.

③ 王兴周. 多重视角下的"逆城市化"概念［J］. 广西民族大学学报（哲学社会科学版），2019，41（4）：6.

④ 肖瑞青，刘希庆，林琛，等. 核心城区逆城镇化背景下郊区小城镇城镇化发展路径研究——以北京市顺义区杨镇为例［J］. 北京城市学院学报，2020（1）：7-16.

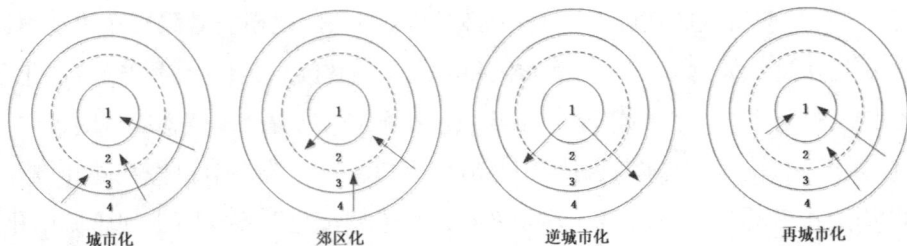

图1-3 城市化四阶段图

注："1"表示城市中心区；"2"表示近郊区；"3"表示远郊区；"4"表示其他县、乡镇。

由上述分析可发现，"逆城市化"是在西方国家的社会实践基础上形成的概念，是在西方国家大城市出现交通拥堵、环境恶化、治安混乱等城市问题催化下兴起的研究热点。学术界对"逆城市化"概念的界定尚未达成统一，对"逆城市化"概念的使用还较为混乱，缺乏一致性，并且缺少一个集成概念框架，学者多根据自身的实践经验和学科背景，赋予"逆城市化"概念多视角的解读。但从共性视角来看，多数学者认为"逆城市化"的成形需要具备一定的先行条件，其中既包括二、三产业蓬勃兴起，城市化水平发展到较为成熟的阶段，也伴随着劳动力过剩、交通拥堵、住房紧张、环境恶化等所谓的"城市病"的发生。因此，"逆城市化"是城市发展、城市化水平达到一定阶段的产物。此外，多数学者认同"逆城市化"的根本还是人的变化，是人口定居意愿的改变，是人口从集聚到分散的变化，是大城市及其中心区人口规模的下降和周边县乡人口规模的扩大。

（3）本书对"逆城市化"的界定

国外的"逆城市化"一般强调人口从城市向乡村的迁移，而本书的"逆城市化"定义则更为广泛。在借鉴国外的"逆城市化"研究基础上，结合本土的"逆城市化"实践，从多个维度出发构建了概念体系。首先需要强调的是，本书所指的"逆城市化"与现阶段中国主流的城市化并不冲突，而只是城市发展中的一个支流，它可以为更好地推进城市发展战略、新型城镇化发展战略及乡村振兴战略的实施提供新的解读视角。本书认为，"逆城市化"在不同国家实践中表现形式各异，在中国的本土背景下，可以从以下几个维度来界定"逆城市化"内涵。

首先，从人口维度来看，我国"逆城市化"的主体具有多样性。相较于西方"逆城市化"的主体是城市人口，特别是拥有一定经济实力的中产阶级及收入较高的蓝领阶层，中国的"逆城市化"实践及独特的户籍制度使得"逆城市化"的主体呈现多样化特征，包括城市居民和农村转移人口等。因此，其主体类型可表述为"农业人口＋非农人口"。而人口"逆城市化"最主要的表现是指这些主体在定居意愿上的改变，即人们更愿意长期迁移到大城市外围区、中小城市以及县、乡镇地区。

其次，从地缘空间维度来看，根据"逆城市化"目的地的不同，"逆城市化"大体可划分为三类：一是人口由城市中心区向外围县、镇、乡迁移；二是人口向毗邻大都市的中小城市、县、镇、乡迁移；三是人口沿着地区等级向下迁移。需要强调的是，本书按照行政区划划分县、镇、乡，市辖区属于县级行政区划，所以人口向城市中心区外围的市辖区迁移也划归为"逆城市化"的其中一类。此外，人口向远郊地区的迁移也同样可以划归为"逆城市化"（图1-4）。

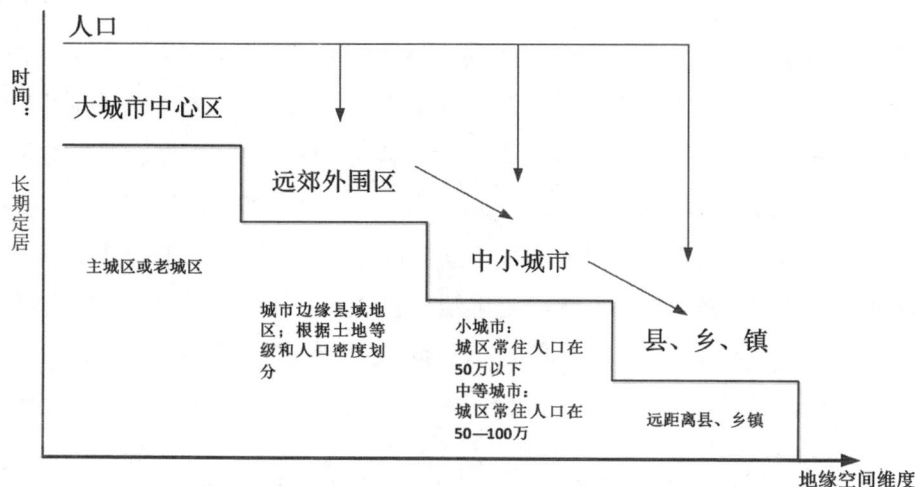

图1-4 人口"逆城市化"的地缘空间路径

第三，从要素维度来看，"逆城市化"不仅包括人口由城市中心区、大都市向中小城市、县、乡镇的迁移，同时也包括资金、产业等要素的迁移。

最后，从时间维度来看，与短期的人口"逆城市化"迁移不同，例如周末、节假日到村镇旅游和回乡探亲的短期逗留，以及工作原因出差等，并不包含在"逆城市化"的范畴内。只有长期（大于等于6个月）定居的迁移才可以被视为"逆城市化"行为。

因此，本书将"逆城市化"概念定义为人口由超大城市、特大城市、大城市的中心区迁至外围远郊、县、乡镇的过程，且这种迁移是指长期迁移，并不包括短期逗留、出差、探亲等情况。迁移的人口既包括农业人口，也包括非农人口。

2.城乡融合发展与乡村振兴

农村是中国社会的基础，农业是我国历史发展的源头。2017—2018年，中国政府首次提出并密集出台了许多关于乡村振兴战略的政策文件。2017年10月，中国共产党的十九大报告中首次提出实施乡村振兴战略的重要历史任务；同年12月18日，中央经济工作会议将实施乡村振兴战略确定为2018年的八项重点工作之一；2017年12月28日，中央农村工作会议进一步提出实施乡村振兴战略的目标任务和基本原则；2018年2月，中央"一号文件"《关于实施乡村振兴战略的意见》发布，进一步明确了实施乡村振兴战略的重要意义和总体要求；同年9月，中共中央、国务院印发了《乡村振兴战略规划（2018—2022年）》，对实施乡村振兴战略作出阶段性谋划。"站在历史维度和公正立场角度来讲，城乡素来就是相辅相成的"，"推动乡村振兴，核心是重塑工农城乡关系"。"我国的中小城市、小城镇与乡村具有天然的联系，许多中小城市是由小城镇发展而成的，而许多小城镇则是由乡村脱胎换骨而来"。[①] 当前，一些小城镇在很大程

---

① 朱建江. 广域型市制下的城乡一体化机制建设［J］. 甘肃社会科学，2018（1）：125–130.

度上仍是一种"半城镇、半乡村"的城乡过渡型聚落。与大城市相比，中小城市和小城镇对于农业转移人口具有以下优势：农业人口集聚成本低、地理空间距离与乡村更加临近、辐射带动乡村发展的便捷度更高。因此，发展中小城市和小城镇对于乡村振兴具有重要意义：一是有助于乡村常住人口就近城镇化；二是有助于促进农户生产经营规模的提高；三是能够缩小城乡之间的收入差距；四是可以借助中小城市和小城镇与乡村空间距离较近的优势，将中小城市已经成熟的基础设施、公共服务及公共管理延伸覆盖至乡村，促进城乡基本公共服务均等化。① 综上所述，城乡融合发展对于重塑城乡关系、推进乡村振兴战略的实施以及推动中小城市和小城镇的发展具有重要意义。

3. 其他相关概念

（1）城市化

学术界普遍认为，对城市化概念最早作出解释的是西班牙工程师赛达（Cerda）。他在 1867 年发表的学术专著《城市化基本原理》中，将城市化定义为乡村向城市演变的过程。这一概念的提出标志着国外城市化理论研究的开端形成。此外，也有学者认为，最早论及城市化的学者是卡尔·马克思（Karl Heinrich Marx）。他在 1858 年发表的著作《政治经济学批判》中提到："现代的历史是乡村城市化，而不是像古代那样，是城市乡村化。"②城市化概念自诞生以来，便引起了世界各地学者的广泛关注，成为社会科学研究领域的焦点议题。城市化所涉及的范围和内容广泛，不同学科依据自身特点对其进行了侧重各异的解读，使其发展成为一个跨学科的综合性概念。以下从不同学科的视角，具体解释城市化的内涵和界定：从人口学

---

① 朱建江. 广域型市制下的城乡一体化机制建设［J］. 甘肃社会科学，2018（1）：125-130.

② 马克思恩格斯全集［M］.（第二版）第 30 卷. 北京：人民出版社，1995：474.

视角来看，有些学者侧重于用城市人口数量和比例来定义城市化。例如，Pressat、Wilson 等在人口统计词典中将城市化定义为居住在城市地区的人口比重上升的现象。① 苏联学者斯捷潘年科则将城市化定义为城市人口占一地区总人口或全国总人口比重的增加。② 周铁训认为，城市化是伴随社会经济发展，城市人口占总人口比重不断上升的过程。③ 另一些学者侧重于从城乡人口关系的角度来定义城市化。赫茨勒指出，城市化是指人口由乡村流入城市以及人口在城市的集聚过程。④ 库兹涅茨则认为，城市化可以用人口在城市和乡村分布方式的转变来反映。⑤ 从经济学角度来看，学者主要关注产业结构和经济活动的变化，以此来定义城市化。赫希认为，城市化是指由以人口稀疏、空间上均匀分布，劳动强度较大、个人分散为特征的农村经济，向具有基本对立特征的城市经济转变的过程。⑥ 许安成、戴枫认为，人口向城市的转移与集中只是城市化的具体表现形式，其实质是生产要素、消费等经济活动向城市的集中。⑦ 叶裕民则认为，城市化是指非农产业在城市的集聚过程。⑧ 汪春燕认为，城市化的含义除了包括农村人口向城市人口转化外，还包括城市经济在整个国民经济中比重的扩大

---

① Pressat R，Wilson C. *The dictionary of demography*［M］. Blackwell，1988：410-412.

② ［苏］阿·弗·斯捷潘年科. 发达社会主义条件下的城市［M］. 姜典文，等译，上海：上海社会科学院出版社，1988.

③ 周铁训. 21 世纪中国均衡城市化目标及模式选择［J］. 经济学家，2001，4（4）：86-93.

④ 赫茨勒. 世界人口的危机［M］. 何新，译. 北京：商务印书馆，1963.

⑤ 西蒙·库兹涅茨. 现代经济增长：速度、结构与扩展［M］. 北京：北京经济学院出版社，1989.

⑥ 沃纳·赫希. 城市经济学［M］. 刘世庆，等译. 北京：中国社会科学出版社，1990.

⑦ 许成安，戴枫. 城市化本质及路径选择［J］. 淮阴师范学院学报（哲学社会科学版），2002，24（4）：444-449.

⑧ 叶裕民. 中国城市化的制度障碍与制度创新［J］. 中国人民大学学报，2001（5）：32-38.

和质量的提升。[①] 从社会学角度来看，学者们主要强调社会形态、生活方式等由农村到城市的转变。芝加哥大学城市学派的代表人物路易斯·沃斯认为，从社会学视角来看，城市是一个相对较大、密集且永久性的异质个体聚居地。而城市化就意味着传统的农村生活方式向城市生活方式转变、发展的过程，这一过程不仅包括日常习惯、习俗的转变，还包括制度、规划等方面的变化。[②] 高佩义认为，城市化反映了社会形态由传统农业社会向现代化城市社会转变的过程。[③] 刘洁泓指出，社会学城市化的概念应该包括生活方式、思维方式及行为方式的城市化，属于现代型的城市化定义。[④] 从地理学角度来看，日本著名地理学家山鹿城次指出，现代的城市化概念应包含四个方面的内涵：一是原有市镇的再组织与再开发；二是城市地域的扩大；三是城市关系的形成与变化；四是大城市地域的形成。[⑤] 此外，为了更深入和全面地分析城市化的意涵，一些学者从综合视角对城市化的概念进行了分层剖析，认为城市化包括四层含义：一是城市中心对农村腹地影响的传播过程；二是全社会人口逐步接受城市文化的过程；三是人口集中的过程，包括集中点的增加与集中点范围的扩大；四是城市人口占总人口比重的提高。[⑥] 王晓丽综合了国内外学者的意见，从以下四个方面定义了城市化：一是产业结构向非农化转型的过程；二是就业人口职业由农业为主向非农转化的过程；三是传统农业文明向现代城市化文明转化的过程；四是生活方式、思维方式、行为方

---

① 汪春燕. 城市化进程中的西北民族关系［M］. 北京：中国社会科学出版社，2012：96-120.

② Wirth L. Urbanism as a Way of Life［J］. *Amer. j. sociol*，1938，44（1）：1-24.

③ 高珮义. 城市化发展学原理［M］. 北京：中国财政经济出版社，2009：66-67.

④ 刘洁泓. 城市化内涵综述［J］. 西北农林科技大学学报（社会科学版），2009（4）：58-62.

⑤ 山鹿诚次. 城市地理学［M］. 朱德泽，译. 武汉：湖北教育出版社，1986：106-107.

⑥ 许学强，朱剑如. 现代城市地理学［M］. 北京：中国建筑工业出版社，1988：46-50.

式和价值观念等向城市化转变的过程。①

（2）城市化与城镇化

从上述对城市化概念的界定可知，城市化至少包括两方面内容：一方面是人口的城市化，即农村人口向城市人口的不断转化使其占社会总人口的比重不断增加；另一方面是经济及社会形态的城市化，即随着城市经济发展水平的不断提升，城市经济在国民经济中的比重增大，同时伴随着城市基础设施和公共事业的完善与发展。②广义的城市化概念既包括"城"也包括"镇"，我国《城市规划法》指出："本法所指的城市，是指国家按行政建制设立的直辖市、市、镇。"因此，建制镇也被纳入了城市的范畴。城镇化是一个较具中国特色的概念，2001年颁布的"十五"计划纲要首次提出，并多用于我国学术界和政府部门，既包含"城"也包含"镇"。英文对城镇化与城市化并不做区分处理，均翻译为 Urbanization，主要是因为国外一些国家存在人口规模小或土地面积有限等情况，很少存在镇级建制。综上所述，从规范分析角度出发，本研究选取城市化这一概念，具体所指的城市是按照国家行政建制设立的直辖市、市，但不包括镇。

（3）郊区化

郊区化是一个较为有争议的概念，学者从广义、狭义以及交叉学科的视角对其进行了多方面的解释。有学者认为，广义的郊区化是一种分散的城市化形态，主要包括以郊区人口数量及密度增加，第一产业人口比重下降，二、三产业人口比重增加为主要特征的人口郊区化；以工业由城市中心区向外围迁移为特征的工业郊区化；以商业网点分布及商业就业人口向郊区转移为特征的商业及办公郊区化；以居住空间、配套服务设施向郊区迁移为特征的生活空间郊区化。③高向东、张善余在基本认同这一观点

---

① 王晓丽. 中国人口城镇化质量研究［D］. 天津：南开大学，2014：6-7.

② 汪春燕. 城市化进程中的西北民族关系［M］. 北京：中国社会科学出版社，2012.

③ 柴彦威. 郊区化及其研究［J］. 经济地理，1995，15（2）：48-53.

的基础上指出，广义的郊区化是指人口、产业、职能由中心城区向郊区转移的过程。① 对于狭义的郊区化，柴彦威认为可以将其称为离心郊区化，指城市中心功能及人口外迁引起的郊区化，并且会导致中心区发展的停滞或衰落。② 此外，周一星、孙群郎也强调了郊区化的动态属性，认为它是一种离心扩散运动过程，是人口、产业、服务业和就业岗位等从城市中心区向郊区的迁移过程。③ 张艳、柴彦威从地理学、社会学及交叉学科的视角解释了郊区化的内涵。在地理学视角下，地理学家均强调作为地理空间的郊区，把郊区视为与城市中心截然不同的、相互对立的地域空间范围；在社会学视角下，学者强调城市生活方式的转变，强调从居民的社会属性和主观感受来考察郊区化；在社会学与地理学的交叉视角下，多数学者认为郊区化是居民日常生活空间及生活模式的变化。④ 王放从空间形态及人口变化两方面解释了郊区化的内涵，指出在空间形态上，郊区化表现为城市建成区、工业区、商业区、住宅区向郊区的蔓延与扩张；在人口变化上，郊区化开始表现为中心城区人口增长率的下降，外围近郊区人口增长率的提升，其后进一步发展为近郊人口增长率下降、远郊人口增长率上升。⑤

学界对郊区化研究的关注焦点集中在两个问题上：一是郊区化与城市化的关系问题；二是郊区范围的确定问题。Hall 认为，城市的发展受到两种力的影响：向心力和离心力。⑥ 这两种力此消彼长，形成城市发展的不

---

① 高向东，张善余. 上海城市人口郊区化及其发展趋势研究［J］. 华东师范大学学报（哲学社会科学版），2002，34（2）：118–124.

② 柴彦威. 郊区化及其研究［J］. 经济地理，1995，15（2）：48–53.

③ 周一星. 城镇郊区化和逆城镇化［J］. 城市，1995（4）：7–10；孙群郎. 试析美国城市郊区化的起源［J］. 史学理论研究，2004（3）：44–54.

④ 张艳，柴彦威. 生活活动空间的郊区化研究［J］. 地理科学进展，2013，32（12）：1723–1731.

⑤ 王放. 从第六次人口普查看北京市郊区化的发展［J］. 人口与发展，2015，123（6）：31–39.

⑥ Hall P. *The World Cities*［M］. 3rd Edition. London：Weidenfeld and Nicolson，1984：32–60.

同阶段。郊区化并不是城市化的对立与反叛，而是作为城市发展特定阶段而存在的，是城市化的一种方式。① 沈东认为，郊区并非独立于城乡社会而存在的"第三空间"，郊区化服从于城市化的整体战略定位，郊区化与城市化均指向更好地推进城市发展进程这一结果。② 具体而言，郊区化为城市中心区的转型升级提供了解决途径，为城市布局的合理调整提供了发展空间，它既是城市发展的客观结果，又能反向促进城市发展水平和质量的提升。此外，郊区范围的确定也较具争议性。随着城市的不断发展扩张，郊区的范围很难确定，且国家统计局及地方政府统计数据均未涉及郊区概念，更没有郊区人口及面积等数据。部分学者认为，郊区包括近郊（离城市较近的"农村"、城乡接合部的社区）和远郊（城市边缘的街道、镇等行政辖区）。③ 另一些学者认为，郊区的范围应伴随城市发展的不同阶段进行相应的调整，城市中心区也要随着城市布局的扩展而扩展。④ 但周一星认为，如果城市中心区不断扩展，郊区化的现象就解释不通，郊区化也就不存在了，城市中心区、近郊、远郊的范围一旦划定就不应轻易改动，这样有助于为后续郊区化研究提供一个可比的参照系，不至于掩盖城市要素离心扩散的郊区化现象，并有利于跟踪整个郊区化的发展演变轨迹。⑤ 此外，他还根据土地等级及人口密度划分了北京、上海、沈阳、大连的城市中心区、近郊区及远郊区。⑥

---

① 孙群郎. 试析美国城市郊区化的起源［J］. 史学理论研究，2004（3）：44–54.

② 沈东. 由城入乡：安镇的人口"逆城市化"实践［D］. 上海：华东师范大学，2017：40–43.

③ 沈东. 由城入乡：安镇的人口"逆城市化"实践［D］. 上海：华东师范大学，2017：41.

④ 张骁鸣. 从区域的角度来理解城市郊区化［J］. 现代城市研究，2003，18（5）：4–9.

⑤ 周一星. 就城市郊区化的几个问题与张骁鸣讨论［J］. 现代城市研究，2004（6）：8–12.

⑥ 周一星，孟延春. 中国大城市的郊区化趋势［J］. 城市规划汇刊，1998（3）：22–27.

（4）广域市制

我国现行的城乡管理体制是基于城管乡的广域型市制（也称地域型市制），它是"以城市行政管理机构的名义，统筹管理市辖区范围内的城区、郊区、镇区和广大乡村地区的一种城乡合一的管理体制"。[①] 此种管理体制因其管理区域广阔，在一个区域范围内，既管城镇，又管乡村，被称为广域型市制，我国设置这一体制的初因是为了更好更快地推进城市化发展。[②]

实施这一管理体制的前提是城乡商品、劳动力、土地等要素基本自由流动。从发展结果来看，广域型市制一方面能够加快我国的工业化和城镇化步伐，有助于城镇特别是区位较好的超大城市、特大城市、大城市获得长足发展。此外，广域型市制还具有一定的行政等级色彩，城市等级越高，配置资源要素的能力和争取中央政策的能力就越强，城市发展也就越好。但另一方面，如果运用不当，可能会带来阻碍城乡一体化发展或城乡融合发展，城乡管理混乱等弊病。[③] 从某种角度来说，我国城乡经济社会发展的不平衡、不协调除了与城乡二元结构、户籍政策、土地政策有关，也与广域型市制有一定关系。在此种制度下，我国的城乡管理可能会出现以下两个问题：一是城乡发展不均。在这种体制下，城镇是建设和管理的主阵地，公共资源和公共财政向城镇倾斜分配明显，市辖区范围内的乡村能够得到的资源有限，规划及管理相对落后，从而造成城乡发展差距的鸿沟。二是精准的城乡协同发展政策难以制定。城乡管理混乱主要是因为广域型市制容易模糊城乡地域的划分、不利于城乡分别统计的展开、不利于城乡分类精细化管理，从而难以正确评估城乡发展现状及差距，进而难以制定正确的城乡发展政策，从而易造成城乡发展不均衡。[④]

① 隗剑秋. 城乡总体规划［M］. 北京：化学工业出版社，2011：3.

② 朱建江. 广域型市制下的城乡一体化机制建设［J］. 甘肃社会科学，2018（1）：125-130.

③ 朱建江. 乡村振兴与中小城市小城镇发展［M］. 北京：经济科学出版社，2018：75.

④ 朱建江. 从"广域型市制"到"聚落型市制"：协调平衡发展下的城乡管理体制优化研究［J］. 南京社会科学，2019（1）：89-93.

三、理论框架预设

根据人口迁移动机及福利经济学等相关理论，本书构建了一个包含"两侧""三维度"的人口"逆城市化"迁移动因理论分析框架（图1-5），供给侧主要涉及"刘-拉-费"理论、托达罗模型、配第-克拉克理论和蒂布特"用脚投票"假说四个理论组合，从宏观外部经济因素与公共服务供给水平两个维度分析其对人口"逆城市化"的影响。需求侧则主要运用可行能力理论和家庭迁移决策理论，分析微观个体福利和家庭因素对人口"逆城市化"选择的影响。具体理论的运用详见第五章和第六章。

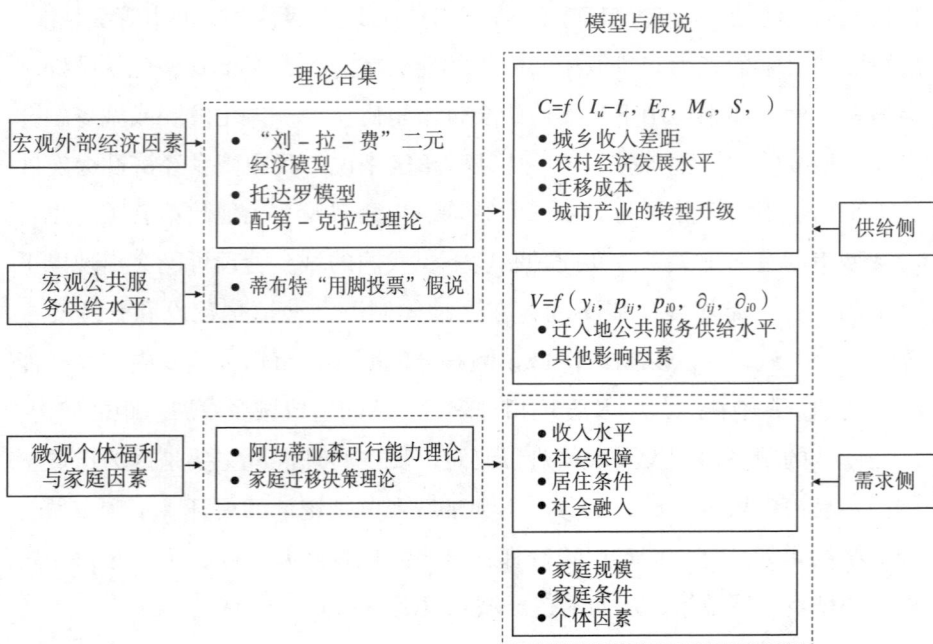

图1-5 "两侧、三维度"理论框架图

第二章　历史回溯：国内外"逆城市化"研究

一、国内外"逆城市化"的研究热点与趋势

为了更加形象化、系统化、可视化地展示并理清国内外关于"逆城市化"的研究热点与演进趋势，本书采用 CiteSpace5.6.R5 知识可视化分析软件，以国内外期刊为主要研究对象，对相关文献进行检索分析。作为知识图谱绘制软件，CiteSpace 具有"图"和"谱"的双重特性，能够科学地展示知识单元或知识群之间的结构、网络、交叉、互动、演化及衍生等多重复杂关系，清晰地反映一个知识领域的研究热点、演进历程及研究前沿。[①]下文将重点围绕"逆城市化"这一主题在国内外学术界的主要研究成果展开，数据主要涉及与这一主题相关的期刊文献。对于文献数据的来源，中文文献来源于 CNKI 期刊数据库，文献检索时间截至 2020 年 6 月，具体选取高级检索类型，主题词选取为"逆城市化"或含"逆城镇化"，共检索到相关文献 924 篇。根据分析需要，去除公告、新闻报道、硕博论文、会

[①]　陈悦，陈超美，刘则渊，等. CiteSpace 知识图谱的方法论功能［J］. 科学学研究，2015，33（2）：242–253.

议综述等非研究型论文，最后得到文献 517 篇作为分析文本。外文文献来源于 Web of Science 数据库的核心期刊，文献类型为 Article，主题词选取为"counter-urbanization"，或含关键词"counterurbanization""reverse-migration""deconcentration"，共检索到相关文献 595 篇作为分析文本。

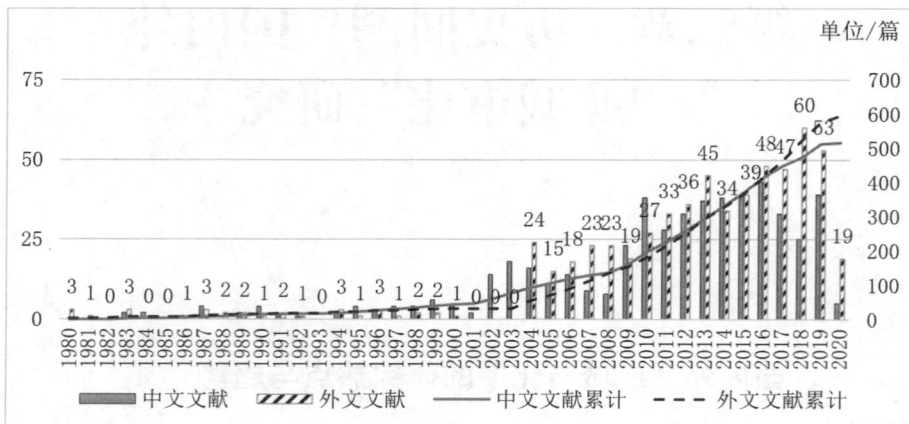

图 2-1 国内外"逆城市化"文献统计图

图 2-1 描绘了 1980—2020 年中外"逆城市化"研究的分布情况与变化趋势。其中，柱状图表示年发文量，折线图表示累计发文量。从图中可知，关于"逆城市化"的研究整体上呈现出上升的趋势。中英文发文量大致相当，但在 2016 年之后英文文献明显多于中文文献。从研究初始时间来看，国外早于国内，国外于 20 世纪 80 年代初便开始了对"逆城市化"的研究，而国内的研究则零星出现于 1985 年之后。国外关于"逆城市化"的研究在 2004 年增至 24 篇，特别是 2015—2020 五年间发文量明显提升，且在 2018 年达到峰值（60 篇）。国内关于"逆城市化"的研究在 2010 年之后逐步增多，并于 2016 年达到峰值（43 篇），之后呈现小幅回落趋势。

1. 国内研究热点与趋势

（1）研究热点

通过将 517 篇中文文献录入软件进行运行，得到如图 2-2 所示的关键词共线图谱，该网络包括 686 个节点和 2283 条连线，每个节点代表一个关键词，节点越大代表其出现的频次越高。图中显示了出现频次在 3 次以上的关键词。通过观察图 2-2 的关键词共线知识图谱，可以归纳出对"逆城市化"的研究热点主要围绕四个视角展开，即城市发展视角、人口流动视角、现象的总结与对比视角以及城乡关系视角。

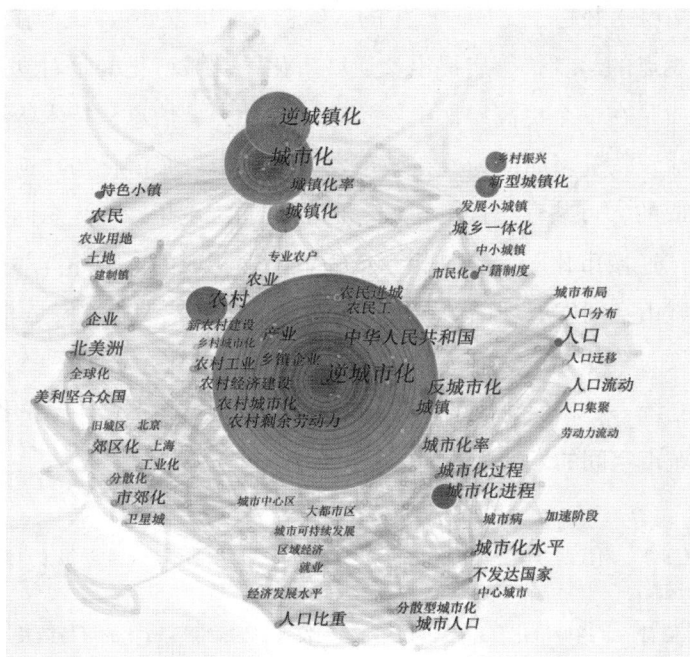

图 2-2 国内"逆城市化"研究关键词共线知识图谱

从城市发展视角出发，可以看出主要存在两种具有代表性的观点。一种观点认为，"逆城市化"是城市发展到高级阶段的产物，是在经历了中心城市化和郊区化后出现的现象。另一种观点认为城市化与"逆城市化"同时存在于城市演进的长河中，两者相辅相成、对立统一。持第一种观点的作者谢守红认为，"逆城市化"是城市发展模式在经历了向心城市化和郊区化后产生的，且"逆城市化"阶段并不代表城市化水平的降低，而是城市发展在区域上的再分配，并在一定程度上推动了城市化及其生活方式向更广泛的范围传播。[①] 陈伯君认为，"逆城市化"是城市发展到一定水平，为减轻城市空间压力、实现城市功能优化而产生的一种现象。[②] 刘传江认为，"逆城市化"是城市继集中型城市化、郊区化之后的第三发展阶段。[③] 唐任伍等也基本同意这一说法，认为"逆城市化"是城市化发展到较高阶段（城镇化率 ≥ 70%）并趋于完成时产生的，标志着城市发展迈入了新的阶段。[④] 持另一种观点的学者单德启提出"逆城市化"与城市化既是对立又是互补的，其本质是在一个更高层次上，资金、劳动力、信息、技术等要素由城到乡的回流。[⑤] 王兴周认为，在城市发展进程中，城市化与"逆城市化"是相辅相成的，可共存于同一空间、同一时间维度里。[⑥] 沈东同样认为，城市化与"逆城市化"始终是相互依存、相辅相成的。[⑦] 孙群郎提出了一种类似的城市空间发展理论：聚集扩散理论，认为城市的发展是非线性的，在城市发展过程中始终存在着集聚与扩散两种态势。[⑧] 这两种态势之间的关系是对立统一、相反相成的，并且同步发展，交叉存在于城市化进程中，共同推动城市空间的发展演变。

[①] 谢守红. 当代西方国家城市化的特点与趋势 [J]. 山西师范大学学报（自然科学版），2003（4）：75-81.

[②] 陈伯君. "逆城市化"趋势下中国村镇的发展机遇兼论城市化的可持续发展 [J]. 社会科学究，2007（3）：53-57.

[③] 刘传江. 世界城市化发展进程及其机制 [J]. 发展经济学研究，2007（1）：128-138.

[④] 唐任伍，肖彦博，张亮. 以合作治理医治"逆城市化"之殇 [J]. 经济学动态，2016（11）：90-98.

[⑤] 单德启. 对加强 21 世纪"逆城市化"现象研究的建议 [J]. 建筑学报，1997（10）：14-15.

[⑥] 王兴周. 多重视角下的"逆城市化"概念 [J]. 广西民族大学学报（哲学社会科学版），2019，41（4）：6.

[⑦] 沈东. 新型城镇化、市民化与逆城镇化 [J]. 江淮论坛，2019（1）：89-93.

[⑧] 孙群郎. 城市空间周期论驳论——兼议聚集扩散论 [J]. 河南师范大学学报（哲学社会科学版），2019，46（1）：78-88.

从人口流动的视角来看，张善余认为，"逆城市化"的最重要的表现是人口大量由中心城市向郊区及乡村地区迁移，从而导致城市人口的绝对下降，乡村人口的持续回升。[①] 徐和平将"逆城市化"视为一个人口由城市向近郊、远郊乃至向小城镇、乡村扩散，从而引致经济中心、社会中心、生活方式向这些地区倾斜的系统进程。[②] 郑卫和李京生认为，"逆城市化"是一种人口的分散过程，是人口从大城市或大都市区向小都市区或非都市迁移的过程。[③] 张晓忠将"逆城市化"定义为人口由大城市向中小城镇及乡村回流的现象。[④] 唐任伍和肖彦博同样认为，"逆城市化"是城市发展到一定阶段出现的城市居民由中心城区向郊区、小城镇、农村迁移，同时带来资源、劳动力和产业等要素相应转移的现象。[⑤]

从对"逆城市化"发展的归纳总结视角来看，"逆城市化"现象率先出现于英国和美国，并逐渐向欧洲及亚洲发达国家蔓延。张善余回顾了20世纪60、70年代后出现在英国、美国、德国、法国、荷兰、日本等发达国家的"逆城市化"现象，并将逆城市现象的特征总结为城市人口的郊区化、人口净迁出的规模化、人口向外迁移距离的扩大化以及都市区域的扩展和城乡差距的缩小化。[⑥] 徐和平回顾了美国、法国、日本、韩国等发达国家的"逆城市化"进程，并将"逆城市化"的核心特征概括为城市居民

---

① 张善余. "逆城市化"——最发达国家人口地理中的新趋向[J]. 人口与经济, 1987（2）：57-62.

② 徐和平. "逆城市化"：发达国家城市化发展趋势[J]. 贵州财经学院学报, 1996（4）：49-51.

③ 郑卫, 李京生. 论"逆城市化"实质是远郊化[J]. 城市规划, 2008（4）：55-59.

④ 张晓忠. "逆城市化"对新型城镇化建设的影响及对策[J]. 中共福建省委党校, 2014（2）：57-63.

⑤ 唐任伍, 肖彦博. 基于ROXY指数的中国"逆城市化"[J]. 经济与管理研究, 2017, 38（3）：36-42.

⑥ 张善余. "逆城市化"——最发达国家人口地理中的新趋向[J]. 人口与经济, 1987（2）：57-62.

的向外分散和政治、经济中心的向外转移。谢守红、郑卫和李京生也对 20 世纪 60、70 年代发生在英美出现的"逆城市化"现象进行了总结，并对该现象产生的原因进行了归纳。① 孟祥林、张悦想和申淑芳总结了 20 世纪后半期发生在美国、德国、日本、英国及俄罗斯的人口不断由中心城区向城市边缘、郊区及乡村地带迁移的"逆城市化"趋势，并发现这一现象背后都蕴含着共同的经济规律，消费者行为理论与级差地租理论可以很好地解释这一现象。② 汤长平、周倩总结发现西欧多数国家，例如英国、法国、德国、比利时、荷兰、瑞典、挪威、丹麦、瑞士等均于 20 世纪 70 年代前后出现了城市核心区人口下降，郊区、中小城市、偏远农村人口增加的"逆城市化"现象。③ 虽然大部分学者并不认同"逆城市化"现象已经在我国大面积出现，但对我国现阶段出现的"非转农""郊区化""逃离北上广""离城返乡""移居远郊"等"逆城市化"现象进行了总结。

"非转农"现象主要是指户籍由非农业向农业的转换，是一些离乡外出人员为了一定的利益诉求重新将户籍迁回村镇的行为，且多数集中发生在东部地区及大城市的"城中村"、城郊地区。其主体主要涉及以下六类：城中村居民、城郊被征地农民、返乡的农村大学毕业生、回乡创业的农民工和大学毕业生、"两栖"公务员、回原籍的离退休人员、原"农转非"现要求"非转农"的人员。④

"逃离北上广""移居村镇""郊区化"是当前我国出现的主要"逆城市化"现象。这些现象主要涵盖两类人群，一类是受过高等教育的工薪

① 谢守红. 当代西方国家城市化的特点与趋势［J］. 山西师范大学学报（自然科学版），2003（4）：75–81；郑卫，李京生. 论"逆城市化"实质是远郊化［J］. 城市规划，2008（4）：55–59.

② 孟祥林，张悦想，申淑芳. 城市发展进程中的"逆城市化"趋势及其经济学分析［J］. 经济经纬，2004（1）：70–73.

③ 汤长平，周倩. 西欧的"逆城市化"和农村开发［J］. 兰州大学学报（社会科学版），2019，47（3）：175–189.

④ 曹宗平. 内在动因，外在条件与"逆城市化"潜流［J］. 改革，2016（1）：88–94.

阶层，另一类是大城市的中产阶层。其"逆城市化"的动力主要包括高房价、"城市病"、职业瓶颈、年龄和家庭等因素。为了追求更好的生活环境、更高的生活品质、更低的生活成本与压力，这部分人选择向大城市远郊、中小城市及村镇迁移。① 唐任伍、肖彦博和肖瑞青等通过人口统计数据和实际案例，证明了北上广深天津等超大、特大城市存在"逆城市化"现象。② 离城返乡也是现阶段主流的"逆城市化"现象之一，其主体既包括老一代农民工也包括新生代农民工。不同之处在于，老一辈农民工大多因为年龄、身体、城市社会难融入、城市福利难享受、市民化难实现等原因而被迫离城返乡；新生代农民工则是由于个体的生活期望及自我的归属感，选择主动离城返乡。③ 从"逆城市化"的比较视角来看，张准、郎咸平和岳欣等比较了西方的英美等国家和中国的"逆城市化"现象，并总结了中外这一现象背后的实质性区别。④ 总体而言，这一现象存在以下四方面的差异：一是范围不同，欧美等国家的"逆城市化"大部分发生在全国范围内，而中国的"逆城市化"则集中在东部发达地区和部分超大、特大城市；二是实质不同，欧美的"逆城市化"实质上是大都市区内部的郊区城市化，而中国的"逆城市化"则是政府主导下的结果；三是主体与原因不同，欧美"逆城市化"的主体是社会中上层，逆向流动的原因是对更高生活品质

---

① 王文龙. 反向留守、"逆城市化"与中国新型城镇化［J］. 中州学刊，2014（1）：37-41；张慧. 中产阶层逆城镇化生活方式研究——以大理现象为例［J］. 湖南师范大学社会科学学报，2018（2）：92-101.

② 唐任伍，肖彦博. 基于 ROXY 指数的中国"逆城市化"［J］. 经济与管理研究，2017，38（3）：36-42；肖瑞青，刘希庆，林琛，等. 核心城区逆城镇化背景下郊区小城镇城镇化发展路径研究——以北京市顺义区杨镇为例［J］. 北京城市学院学报，2020（1）：7-16.

③ 张世勇. 新生代农民工"逆城市化"流动：转变的发生［J］. 南京农业大学学报（社会科学版），2014，14（1）：9-19.

④ 张准. 中美"逆城市化"现象之比较［J］. 生产力研究，2012（1）：8-10；郎咸平. 中国的"逆城市化"之殇［J］. 城市住宅，2012（6）：44-47；岳欣. 中国特色的"逆城市化"发展研究［J］. 宏观经济管理，2016（11）：65-67.

的追求，而中国"逆城市化"的主体以农业人口为主，其逆向回流多是迫于城市高房价和低收入等原因；四是推动力不同，美国的"逆城市化"是由经济和文化因素促发的，而中国的"逆城市化"既有经济因素又有政治因素。

从城乡关系的角度来看，形成了乡村振兴说、城乡互促说、大城市发展说及新型城镇提振说等观点。单德启认为，"逆城市化"现象可以促使农村整体现代化，能够推动农业产业化，促进基础设施建设更新换代，保护、传承与创新传统文化。① 李铁提出，"逆城市化"可以为乡村振兴带来消费趋势由城市向农村的蔓延、工业在空间结构的重组，从而为农村经济结构的调整带来新的投资空间。② 张善余认为，"逆城市化"有助于改善人口和生产的分布不均，缩小城乡差距，实现城乡的统筹发展。③ 陈伯君认为，"逆城市化"可以分解城市功能，既可以减轻城市空间压力、优化城市功能，促使中心城市产业结构升级，推动城市可持续发展，又可以将产业资源分解至村镇，为村镇发展创造新机遇。④ 陶钟太郎也基本认同这一观点，认为"逆城市化"进程有利于医治"城市病"，有助于城市资本、城市文明向农村的流动与推广，推动农村发展，有益于农村社会的稳定及农村居民就业的本地化，并最终实现城乡统筹发展。⑤ 郭敬生指出，利用"逆城市化"的力量，一方面可以优化城市功能，减轻城市空间压力，促使产业结构转型升级，缓解"城市病"；另一方面可以将中心城市的人流、物流、资金

---

① 单德启. 对加强 21 世纪"逆城市化"现象研究的建议［J］. 建筑学报，1997（10）：14–15.

② 李铁. 关注逆城镇化现象 推动乡村振兴发展［J］. 人民论坛，2018（5）：58–60.

③ 张善余. "逆城市化"——最发达国家人口地理中的新趋向［J］. 人口与经济，1987（2）：57–62.

④ 张善余. "逆城市化"——最发达国家人口地理中的新趋向［J］. 人口与经济，1987（2）：57–62.

⑤ 陶钟太朗，杨环. 论作为新型城镇化自主动因的"逆城市化"［J］. 甘肃社会科学，2015（2）：104–108.

流、产业流吸引到村镇，促进其二、三产业的发展，从而最终形成城乡优势互补、产业相互呼应的一体化发展格局。[①] 刘新静则认为，"逆城市化"可调整城市产业结构、改变空间格局，是都市群发展的重要助推器。[②] 张晓忠则认为，从长远来看，中小城镇是吸引农村人口的主体，"逆城市化"为大城市周边村镇的发展提供了机遇，对新型城镇化建设有助推作用。[③]

（2）研究趋势

为展示"逆城市化"研究热点在不同时期的变化，图 2-3 运用 Timezone 命令，呈现了关于"逆城市化"文献关键词的共线图谱的时区视图。我国学者对于"逆城市化"的研究随时间的变迁呈现以下两种趋势：

一是由外及内、由浅入深，由研究国外的"逆城市化"趋势向探索、归纳、总结我国的"逆城市化"现象转变。从描述事实向案例分析、原因探寻、定量证实进行转变。由于"逆城市化"现象最早出现于 20 世纪 50 年代的英国，而后又陆续出现在美国、德国、法国、日本等发达国家，促使西方学者对这一现象的具体表现形式、产生原因及其对城市发展进程的影响进行了集中研究。我国学者从 20 世纪 80 年代开始关注这一领域，最初的研究集中于对西方学者已有研究成果及西方已发生的"逆城市化"的总结及归纳上 [④]，而后发展到探索、反思、辨析我国的"逆城市化"是否存在、

---

① 郭敬生. 我国农村"逆城市化"发展研究 [J]. 农业现代化研究，2009（1）：47-50.

② 刘新静. 郊区化与"逆城市化"：中国都市群发展的重要模式 [J]. 南通大学学报（哲学社会科学版），2008（4）：16-22.

③ 张晓忠. "逆城市化"对新型城镇化建设的影响及对策 [J]. 中共福建省委党校，2014（2）：57-63.

④ 张善余. "逆城市化"——最发达国家人口地理中的新趋向 [J]. 人口与经济，1987（2）：57-62；徐和平. "逆城市化"：发达国家城市化发展趋势 [J]. 贵州财经学院学报，1996（4）：49-51；单德启. 对加强 21 世纪"逆城市化"现象研究的建议 [J]. 建筑学报，1997（10）：14-15.

是真是伪、怎样定义、表现如何等问题上，[①] 再到通过具体案例、微观数据、定量分析方法，说明我国"逆城市化"趋势的存在，产生的原因及其对城乡发展带来的影响等。[②]

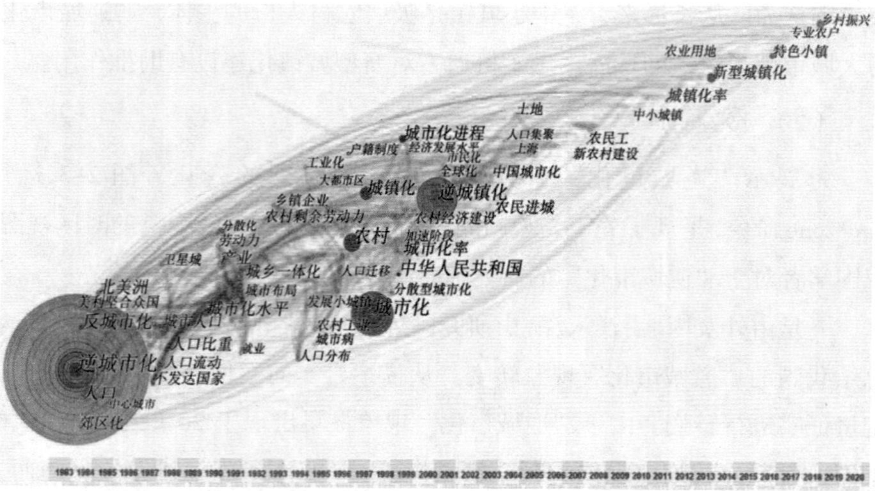

图 2-3　国内"逆城市化"研究关键词共线网络时区图

---

① 刘新静. 郊区化与"逆城市化"：中国都市群发展的重要模式 [J]. 南通大学学报（哲学社会科学版），2008（4）：16-22；郭敬生. 我国农村"逆城市化"发展研究 [J]. 农业现代化研究，2009（1）：47-50；郎咸平. 中国的"逆城市化"之殇 [J]. 城市住宅，2012（6）：44-47.

② 孟祥林，张悦想，申淑芳. 城市发展进程中的"逆城市化"趋势及其经济学分析 [J]. 经济经纬，2004（1）：70-73；张世勇. 新生代农民工"逆城市化"流动：转变的发生 [J]. 南京农业大学学报（社会科学版），2014，14（1）：9-19；唐任伍，肖彦博. 基于 ROXY 指数的中国"逆城市化" [J]. 经济与管理研究，2017，38（3）：36-42；张慧. 中产阶层逆城镇化生活方式研究——以大理现象为例 [J]. 湖南师范大学社会科学学报，2018（2）：92-101；肖瑞青，刘希庆，林琛，等. 核心城区逆城镇化背景下郊区小城镇城镇化发展路径研究——以北京市顺义区京农业大学学报（社会科学版），2014，14（1）：9-19；唐任伍，肖彦博. 基于 ROXY 指数的中国"逆城市化" [J]. 经济与管理研究，2017，38（3）：36-42；张慧. 中产阶层逆城镇化生活方式研究——以大理现象为例 [J]. 湖南师范大学社会科学学报，2018（2）：92-101；肖瑞青，刘希庆，林琛，等. 核心城区逆城镇化背景下郊区小城镇城镇化发展路径研究——以北京市顺义 区杨镇为例 [J]. 北京城市学院学报，2020（1）：7-16.

二是对"逆城市化"的研究顺应我国城乡关系政策、城乡发展政策、户籍政策的调整趋势展开（图 2-4）。第一阶段规模性的"逆城市化"现象出现在 1961—1977 年，我国学者吴玥弢对这一时期的"逆城市化"研究集中于三线建设、垦荒建设等具体现象背后的政策性"逆城市化"。[①]在经济政策方面，自 1961 年起，我国开始针对国民经济实施"调整、巩固、充实、提高"方针。该方针的重点在于调整农、轻、重比例，提高农业和轻工业的发展速度，压缩重工业和城市建设，使得城市经济发展减缓，城市人口吸纳能力降低。在户籍政策方面，1958 年《中华人民共和国户口登记条例》开始实施，确立了城乡二元的户籍制度，在一定程度上缓解了这一时期大规模农业人口流入城市造成的巨大压力。第二阶段大规模的人口"逆城市化"发生在 1989—1991 年，其一定意义上也是政策性迁移的结果。

为应对 1988 年出现的工业增速过快、通货膨胀等经济过热问题，我国进入了 1989—1991 年的三年调整时期。这一时期的主要政策包括压缩社会总需求、抑制通货膨胀、强调农业发展等。这一系列措施使得城市就业岗位缩减，城镇对农村劳动力的吸纳力下降，农民工被迫回流农村，乡村劳动力占社会总劳动力的比重有所升高。[②]第三阶段出现了以"非转农""逃离北上广""离城返乡""移居村镇""回乡投资创业"为代表的多种"逆城市化"现象。与此同时，对于"逆城市化"的研究热点转移到了"城市病"的解决、大城市的可持续发展、中小城镇的持续提振以及乡村振兴等领域。

---

①　吴玥弢.中国城市化进程中人口"逆向"迁移流动动因分析[M].北京：经济科学出版社，2017：48-52.

②　佚名.治理整顿时期的经济发展及其增长方式的转折[J].经济研究参考，1993：27-43.

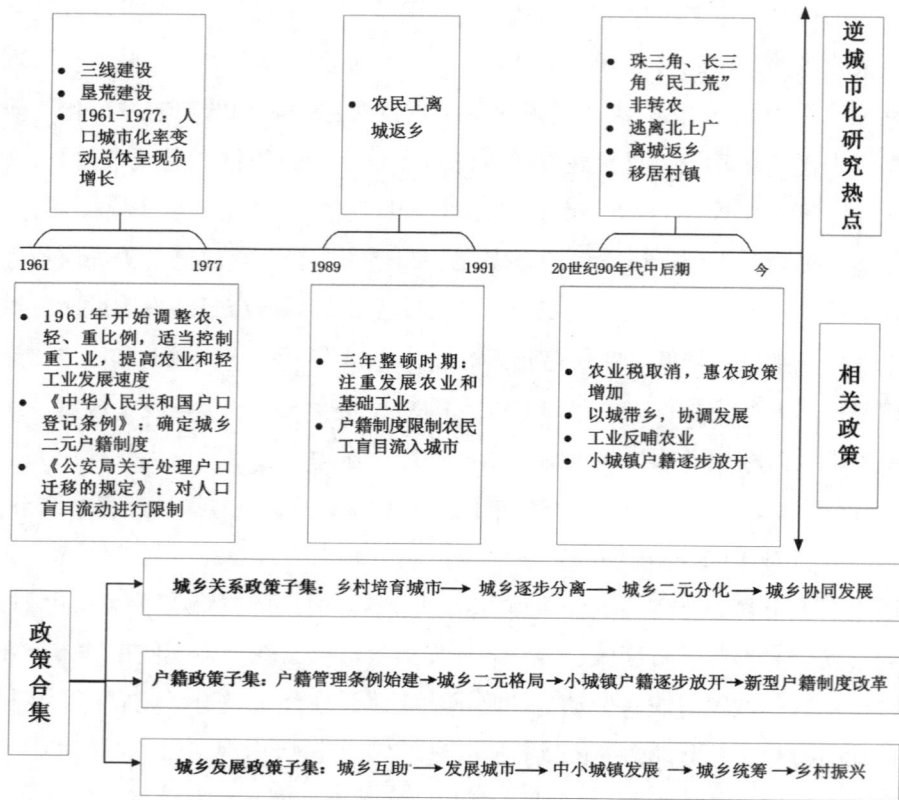

图 2-4 "逆城市化"研究热点与政策变动关联图

2. 国外研究热点与趋势

（1）研究热点

国外对于"逆城市化"的研究热点主题可归纳为以下四个方面：一是对"逆城市化"的表现与判断研究。Berry 指出，1970 年后美国人口流动趋势与以往对比显示出显著不同，大城市人口增长开始放缓，非大都市人口增长加快，农村人口数量趋向稳定。进一步地，根据美国人口普查局数据，1970—1978 年，美国大都市区中心城市人口减少 1165 万，而郊区人口增长 895 万，非都市区人口增加 270 万，充分证明了"逆城市化"的新趋势。[①]Champion认为"逆城市化"的显著特质有三，人口在地理空间上的分散程度由较小向较大转变，人口分布在城市层级维度上向下转移，集聚（聚落）规模梯度向下转移。此外，他通过集中度指数及人口向低等级城市下移程度验证了英国"逆城市化"现象的存在。英国人口普查的结果也证实了这一分析，1971—1981年，英国人口的增长率与城市规模成反比，大城市人口流失率超过8%，而中等城市、小城市的人口增长率超过15%，有些甚至达到了25%。[②]奈特利（Kontuly）依据四种相互联系的方法论证了德国20世纪60—70年代"逆城市化"趋势的存在。他首先运用Hoover Index指数证明了人口在空间上的分散性，其次评估了人口区域增长率的空间分布模式，再次评估了区域增长率与区域大小之间的关系，计算了人口分散的程度，最后对区域人口变化率与区域人口密度之间的关系进行了统计。[③]

二是区域研究。对于"逆城市化"的研究，主要分为两个阶段。第一个阶段，研究热点主要集中于对西方发达国家"逆城市化"的研究。该现象最早在20世纪60年代的英国出现，随后在1970年左右的美国迅速兴起，并发展到欧洲的大部分地区和国家。Berry最早对"逆城市化"进行了研究，并论述了美国在20世纪70年代出现的非都市人口增长、城市人口向郊区及农村转移的"逆城市化"现象。[④]Champion、Kontuly、Wiard和Vogelsang分别通过数据分析了20世纪60—70年代英国和德国"逆城市化"

① Berry B J L. Urbanization and Counterurbanization in the United States [J]. *The ANNALS of the American Academy of Political and Social cience*, 1980, 451（1）: 13–20.

② Champion A G. Counterurbanization in britain [J]. *Geographical ournal*, 1989, 155（1）: 52–59.

③ Kontuly T, Wiard S, Vogelsang R. Counterurbanization in the Federal Republic of Germany [J]. *The Professional Geographer*, 1986, 38（2）: 170–181.

④ Berry B J L. Urbanization and Counterurbanization in the United States [J]. *The ANNALS of the American Academy of Political and Social cience*, 1980, 451（1）: 13–20.

的存在。① 随后，一些其他国家的学者也开始关注这一主题，其研究成果涉及加拿大、澳大利亚、西班牙等国家。② 第二个阶段，伴随着城市化进程的加速，"逆城市化"现象开始扩展至东欧、北欧、亚洲等地区，这些地区的学者也开始关注并研究这一现象。这些研究成果涉及日本、爱沙尼亚、瑞典、挪威、斯里兰卡等国家。③

　　三是驱动因素研究。"逆城市化"现象发生的驱动因素主要集中在经济社会因素和个人、家庭因素等方面。具体而言，一部分学者认为，经济社会因素的变化是造成"逆城市化"的主要原因，包括经济结构的调整、工业城市化的深入发展、交通条件的改善以及城市环境的恶化等因素都是人们选择"逆城市化"的原因。Dahms 以加拿大为例，阐述了产业向乡村的迁移、经济结构转型、乡村的人文环境、便利的交通系统是人口"逆城市化"的重要驱动力。同时，个人和家庭生活偏好的改变也促使人们选择"逆

① Champion A G. Counterurbanization in britain［J］. *Geographical Journal*，1989，155（1）：52–59.

② Dahms F，Mccomb J. 'Counterurbanization'，interaction and functional change in a rural amenity area—A Canadian example［J］. *Journal of Rural Studies*，1999，15（2）：129–146；Smailes P J. Demographic response to restructuring and counterurbanisation in South Australia，1981—1991［J］. *Population Space & Place*，2010，2（3）：261–287；Paniagua A. Counterurbanisation and new social class in rural Spain：The environmental and rural dimension revisited［J］. *Scottish geographical journal*，2002，118（1）：1–18.

③ Tatsuhiko KAWASHIMA，Atsumi FUKATSU，Noriyuki HIRAOKA. *Re-urbanization of Population in the Tokyo Metropolitan Area：ROXY-index/Spatial-cycle Analysis for the Period 1947—2005*［C］. 学习院大学经济论集，2007，44（1）：364–376；Tammaru T，Kulu H，Kask I. Urbanization，Suburbanization，and Counterurbanization in Estonia［J］. *Eurasian Geography & Economics*，2004，45（3）：212–229；Bergstrom N，Wiberg U. Counterurbanization in a growing local labour market in Sweden［J］. *Journal of Rural Studies*，IEEE，2007；Grimsrud G M. How well does the 'counter - urbanisation story' travel to other countries? the case of Norway［J］. *Population，Space and Place*，2011，17（5）：642–655.

城市化"。[1]Burchart 指出舒适性是驱动英格兰城市人口向农村地区迁移的部分原因。[2]

四是应用价值研究。"逆城市化"的应用价值主要指向城市和乡镇的影响方面。一方面，部分学者证实"逆城市化"可以促进中小城市的兴起与发展[3]；另一方面，有学者基于以色列农村地区的数据分析，得出"逆城市化"对农村地区经济效益的增长、人口结构的变化以及人均福利的提升均具有一定助推力[4]。

（2）研究趋势

国外对"逆城市化"研究的文献随时间变化可分为以下三个演变阶段。第一阶段为萌芽期（1983—1989）。早期学者对"逆城市化"的研究主要基于事实描述，即在观察各国"逆城市化"现象的基础上，对"逆城市化"的特征进行总结、概念进行界定、趋势进行判定。第二阶段为发展累积期（1990—2005）。这一阶段的研究范围和深度进一步拓展，研究内容也更加多样化。研究范围由美国向全球范围拓展[5]，研究深度也由以事实描述为主发展到对"逆城市化"的形成逻辑、其现象背后的社会经济等驱动因素、其对城市及乡镇的作用价值等主题的研究。此外，对"逆城市化"相关问

①　Dahms F，Mccomb J. 'Counterurbanization'，interaction and functional change in a rural amenity area — A Canadian example [J]. *Journal of Rural Studies*，1999，15（2）：129-146.

②　Burchardt J. Historicizing counterurbanization：In-migration and the reconstruction of rural space in Berkshire（UK），1901-51 [J]. *Journal of Historical Geography*，2012，38（2）：155-166.

③　Berry B J L. Urbanization and Counterurbanization in the United States [J]. *The ANNALS of the American Academy of Political and Social Science*，1980，451（1）：13-20.

④　Feinerman E，Finkelshtain I，Tchetchik A，et al. Impact of Counter-Urbanization on Size，Population Mix，and Welfare of an Agricultural Region [J]. *American Journal of Agricultural Economics*，2011，93（4）：1032-1047.

⑤　沈东. 由城入乡：安镇的人口"逆城市化"实践 [D]. 上海：华东师范大学，2017：40-43.

题的分析视角和研究方法也呈现多样化发展趋势。第三阶段为热度消减期（2008—今）。由于西方发达国家城市化发展较快，许多已经进入再城市化阶段，国外学者对"逆城市化"的研究逐渐减少。

3. 中外"逆城市化"比较研究

从上述对于国内外"逆城市化"研究现状的总结，可以发现中外"逆城市化"进程存在显著差异。首先，发生基础不同。西方的"逆城市化"一般发生于城市化后期，是城市高度发展、城市化率达到70%之后出现的一种人口迁移趋势。而我国的常住人口城镇化率在2020年末才刚刚超过60%，仍处于城市化的加速到高速发展的转型期，因此我国的"逆城市化"并非发生于高度城市化的背景下。此外，我国历史上也分别发生过"由城到乡"的"逆城市化"实践，说明我国的"逆城市化"并不一定取决于城市化发展水平，而是政策准入及理性选择共同作用的结果。① 其次是"逆城市化"群体的差异性。西方进行"逆城市化"迁移的主要群体是生活在大城市中心区的中产阶级及富人阶层。而我国的"逆城市化"群体依据户籍进行划分，主要包括非农业人口的"逆城市化"及农业转移人口的离城返乡。此外，由于户籍制度的存在，一些学者将户籍的"非转农"这种非事实性转移也归纳为中国特色"逆城市化"的一种形式。最后是"逆城市化"动机的差异性。西方国家的"逆城市化"是人口基于"城市病"、追求生活品质而做出的决定。而我国人口"逆城市化"的选择具有复杂的动机。部分城市人口因为"城市病"及城市生活压力巨大而选择"田园生活"，一部分农业转移人口由于无法享受公平的城市公共服务而选择被迫回流，还有一部分农业转移人口则因为相应的政策，选择主动返乡创业、回乡养老等。因此，总体来看，西方的"逆城市化"是"单轨"运行的，而中国

---

① 沈东. 由城入乡：安镇的人口"逆城市化"实践［D］. 上海：华东师范大学，2017：16–17.

的"逆城市化"具有"双轨"运行的特点（图 2-5）。

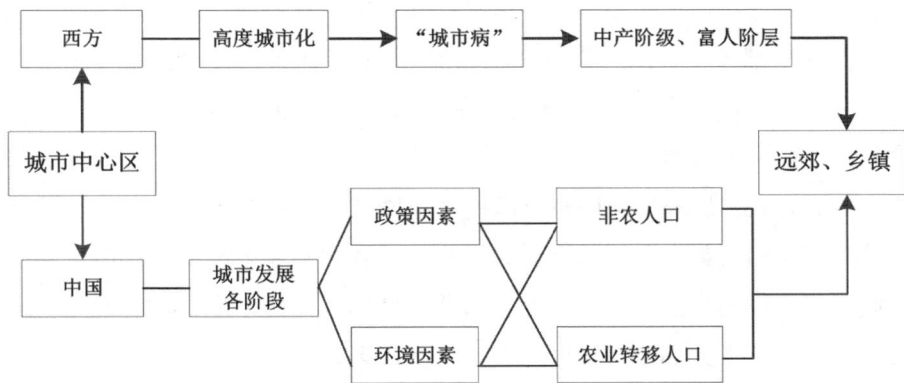

图 2-5 中外"逆城市化"运行机制对比图

二、人口"逆城市化"趋势的测度

国外学者对于"逆城市化"趋势的测度研究较早。其方法大致可分为单维度指标测度、多维度指标及空间分析三种。所选指标主要包括城市化率、区域人口数量变化、人口增长率、Hoover Index（胡佛指数）、ROXY 指数等，但均处于探索阶段。诺瑟姆提出城市发展遵循"S"型曲线规律，即诺瑟姆曲线规律，认为城市发展进程一般分为三个阶段：初期阶段、加速阶段和后期阶段。初期阶段在工业化初期，城市发展缓慢，城市化率低于 30%。加速阶段在工业化中期或扩张期，城市数量明显增多，规模明显扩大，城市化率高于 30%，并以较快的速度攀升至 70%。后期阶段城镇化总体水平较高，城市化率大于 70%，城市化增长速度减缓甚至出现停滞。[①] 因此，城市化率可以作为衡量"逆城市化"的先导指标，且要不低于 70%。人口增减数量及比重的变化是较为易得的数据。Fuguitt 测

---

① Northam R. *Urban geography* [M]. New York：John Wiley & Sons Inc，1979：20-31.

算了 1970—1980 年间，美国都市区与非都市区人口的增减状况及人口迁移率，发现非都市区人口增长速度显著快于都市核心区，越来越多的人选择逆向迁出都市核心区。[①]Vinning 和 Kontuly 运用人口迁移数量及比率指标，分析了 19 世纪 70 年代欧洲及东亚 18 个国家的人口迁移数量变化，并得出工业国家城市中心区人口不断下降，并不断由核心区向外迁移的结论。[②]Champion 从国家层面对英国的"逆城市化"趋势进行了分析。其首先计算了英国大都市人口数及人口增长率，其次测算了英国大都市区和部分城市功能区的胡佛指数，并发现这些区域的人口集中度下降的现象。最后，分别测算了大都市主导区、大都市次优区人口增长率与该区域面积之比[③]，并发现均为负值。奈特利等提出了较为严谨的"逆城市化"趋势判定指标体系。[④]其中，一是分别计算了西德大城市核心区、大城市边缘区及非都市区域的胡佛指数；二是通过空间分布模式呈现了西德所有功能区域的人口增长率，及其与全域平均人口增长率的差值；三是分别评估了区域人口增长率与区域人口规模、区域人口增长率与区域人口密度之间的关系，并证明人口分散性的存在。

ROXY 指数模型也经常被运用于人口空间分布的"逆城市化"测度中。ROXY 指数最早由日本经济学家川岛辰彦于 1984 年提出，用以研究人口、经济活动及社会的分布动态。具体来说，可以通过计算 ROXY 取值来判定

① Fuguitt G V. The Nonmetropolitan Population Turnaround [J]. *Annual Review of Sociology*, 1985, 11: 259–280.

② Vining D R, Kontuly T. Population Dispersal from Major Metropolitan Regions: An International Comparison [J]. *International Regional Science Review*, 1978, 3（1）: 49–73.

③ Champion A G. Counterurbanization in Britain [J]. *The Geographical Journal*, 1989, 155（1）: 52–59.

④ Kontuly T, Wiard S, Vogelsang R. Counterurbanization in the Federal Republic of Germany [J]. *The Professional Geographer*, 1986, 38（2）: 170–181.

人口在空间的集聚与扩散。[①]ROXY 指数的具体表达式为：

$$ROXY \ 指数 = \left(\frac{WAGR_{t, \ t+1}}{SAGR_{t, \ t+1}} - 1 \right) \times 10^4$$

其中，$WAGR_{t, \ t+1}$ 表示在（t，$t+1$）年间 n 个城市的人口年均增长率的加权平均值；$SAGR_{t, \ t+1}$ 表示在（t，$t+1$）年间 n 个城市的人口年均增长率的算术平方根。此外，通过具体计算 ROXY 指数以及 ΔROXY（各阶段 ROXY 指数的差额），参照 ROXY 和 ΔROXY 指数的取值范围和评价意义表（表 2-1），可得出不同城市具体的发展阶段。川岛用其建立的 ROXY 指数模型对日本大都市圈及大都市圈内部人口的城市化趋势进行分析，并得出 20 世纪 80 年代末日本大都市圈人口处于减速分散阶段的结论。

国内学者对“逆城市化”趋势的测度开展较晚，研究成果也较少，多数学者沿用 ROXY 指数模型，从城市层面测度我国部分城市的“逆城市化”水平现状。毛新雅等根据统计年鉴数据计算了 1982—2010 年长三角城市群及京津冀城市群中核心城市的 ROXY 指数值及其边际值 ΔROXY/ΔT 的变化情况，结果表明：长三角城市群处于人口加速集聚的城市化阶段，而京津冀城市群的城市化则处于由城市向郊区的过渡阶段。[②]鲁继通通过计算人口集中指数和 ROXY 指数对京津冀都市圈 1990—2013 年的城市演进状态进行了分析，分析结果表明，京津冀都市圈经历了人口减速集聚—加速分散—加速集聚—加速分散—减速分散的变动过程，城市发展处于郊区化向“逆城市化”过渡阶段。[③]唐任伍等分别对北京、上海、天津三个城

① Tatsuhiko kawashima, Atsumi fukatsu, Noriyuki hiraoka. *Re-urbanization of Population in the Tokyo Metropolitan Area: ROXY-index/Spatial-cycle Analysis for the Period 1947—2005* [C]. 学习院大学经济论集，2007，44（1）：364-376.

② 毛新雅，王红霞. 城市群区域人口城市化的空间路径——基于长三角和京津冀 ROXY 指数方法的分析 [J]. 人口与经济，2014（4）：8.

③ 鲁继通. 京津冀都市圈人口变动与城市化的空间发展态势——基于ROXY 指数分析[J]. 工业技术经济，2015，34（4）：10.

市 2010—2014 年常住人口的 ROXY 指数进行测算，结果均为负，说明这三个城市均出现了程度不等的"逆城市化"现象。[①]

表 2-1　ROXY 和 △ROXY 指数的取值范围及意义表

ROXY 值	人口空间流动路径	AROXY 值	人口空间流动速度	代号
正值（＋）	集聚	正值（＋）	加速集聚	AE
		零（0）	恒定集聚	CE
		负值（－）	减速集聚	DE
零（0）	中和	正值（＋）	开始加速集聚	AE
		零（0）	保持中和状态	N
		负值（－）	开始加速扩散	AD
负值（－）	扩散	正值（＋）	减速扩散	DD
		零（0）	恒定扩散	CD
		负值（－）	加速扩散	AD

　　总结来看，学界对"逆城市化"的测度指标可归纳为表 2-2。从表中可知，国内外对于人口"逆城市化"趋势测度的研究十分有限，缺乏一套完整、全面、代表性强的趋势测度指标体系，未能完整地反映人口"逆城市化"程度的全貌。本书将从"逆城市化"的定义出发，在已有指标基础上进行整合及创新，构建一套科学合理、行之有效的复合趋势测度指标体系。

① 唐任伍，肖彦博. 基于 ROXY 指数的中国"逆城市化"［J］. 经济与管理研究，2017，38（3）：36-42.

表 2-2 "逆城市化"趋势测度指标

研究者	时间	测度指标	评价
诺瑟姆	1979	城镇化率≥70%	基础指标，数据较易获取，运用广泛，能够直观反映人口的区域变化情况
Fuguitt	1985	人口数量变化（大都市/非都市）	
Vinning 和 Kontuly	1978	人口迁移数量及迁移率	能够反映某一区域或地区人口的迁移变化数量及方向，并能够剔除一区域或地区原有人口的影响
Fuguitt	1985	人口迁移比率	
Kontuly 等	1986	Hoover Index 人口增长率的空间演化 区域人口增长率/区域人口规模 区域人口增长率/区域人口密度	能够更好地反映人口数量与区域之间的关系；更好地对比不同人口密度区域人口分布的均衡程度及疏散程度；能够更直观地反映在地图上
川岛辰彦	1984	ROXY 指数	能够更好地分区域说明人口的集聚分散程度
唐任伍等	2017		

三、人口"逆城市化"迁移的动因

从人口迁移的维度来看，"逆城市化"的本质仍然是人口的迁移流动，只不过方向发生了变化。人口的迁移流动是理性选择的结果，影响迁移决策的因素众多，影响机制也很复杂。但究其根本，迁移决策是个体在权衡利弊、综合分析推动力与拉动力的相互作用后做出的选择。因此，推力和拉力是人口迁移的决定性因素。在具体的迁移动因分析中，推力和拉力就像两个集合，还可以进一步划分为经济因素、政策制度因素、人力资本与家庭因素、环境制度因素、福利因素和基本公共服务因素等（图 2-6）。

```
                                        ┌─ 宏观：城市经济发
                              ┌─ 经济  │  展放缓、就业机会
                              │  因素  ├─ 较少、全国性产业
                              │        │  结构调整
                              │        ├─ 中观：区域性产业
                              │        │  梯度转移
                              │        └─ 微观：城乡预期收
                              │           入差距缩小

                              ┌─ 政策  ┌─ 户籍制度：户籍限制
                              │  制度  ├─ 社会保障制度：住
              ┌─ 城市推力 ────┤  因素  │  房、教育、医疗、就
              │               │        │  业等差异
              │               │        └─ 城市发展政策：人口
              │               │           疏解
    ┌─ 农业   │               │
    │  人口 ──┤               ┌─ 公共  ┌─ 公共服务：教育、医
    │         │               │  服务  │  疗、社会保险、就业        ┌─ 人力资本与
    │         │               │  与福  │  保障、住房保障等服 ──────┤  家庭因素
    │         │               │  利因  │  务的不均等                │
    │         │               │  素    └─ 社会福利：社会保          ├─ 人力资本：
    │         └───────────────┤        │  障、居住条件、社会        │  受教育水平、
人口 │                         │        │  机会、心理感受、政        │  年龄及婚姻
逆城 │                         │        │  治参与的欠缺              │  状况、劳动
市化 │                                                               │  技能等
迁移 │         ┌─ 政策因素：户籍政策附加值、                          ├─ 家庭因素：
动因 │         │  土地政策、乡村振兴政策、                             │  家庭规模、
    │         ┌─ 乡镇拉力 ──┤  基本公共服务均等化政策等                │  家庭责任、
    │         │             └─ 经济因素：城乡经济差距缩 ──────────────┘  人口结构
    │         │                小，产业梯度转移至乡镇

    │         ┌─ 城市推力 ── 环境因素："城市病"，城
    │         │              市拥挤、交通拥堵、环境污
    └─ 城市 ──┤              染、居住困难等；对乡镇田 ────────────────┐
       人口   │              园式生活及优越生态环境的                  │
              │              向往                                     │
              │                                                       │
              └─ 乡镇拉力 ── 经济因素：投资创业，发展
                             乡村旅游业、网络营销、兴
                             办工厂等
```

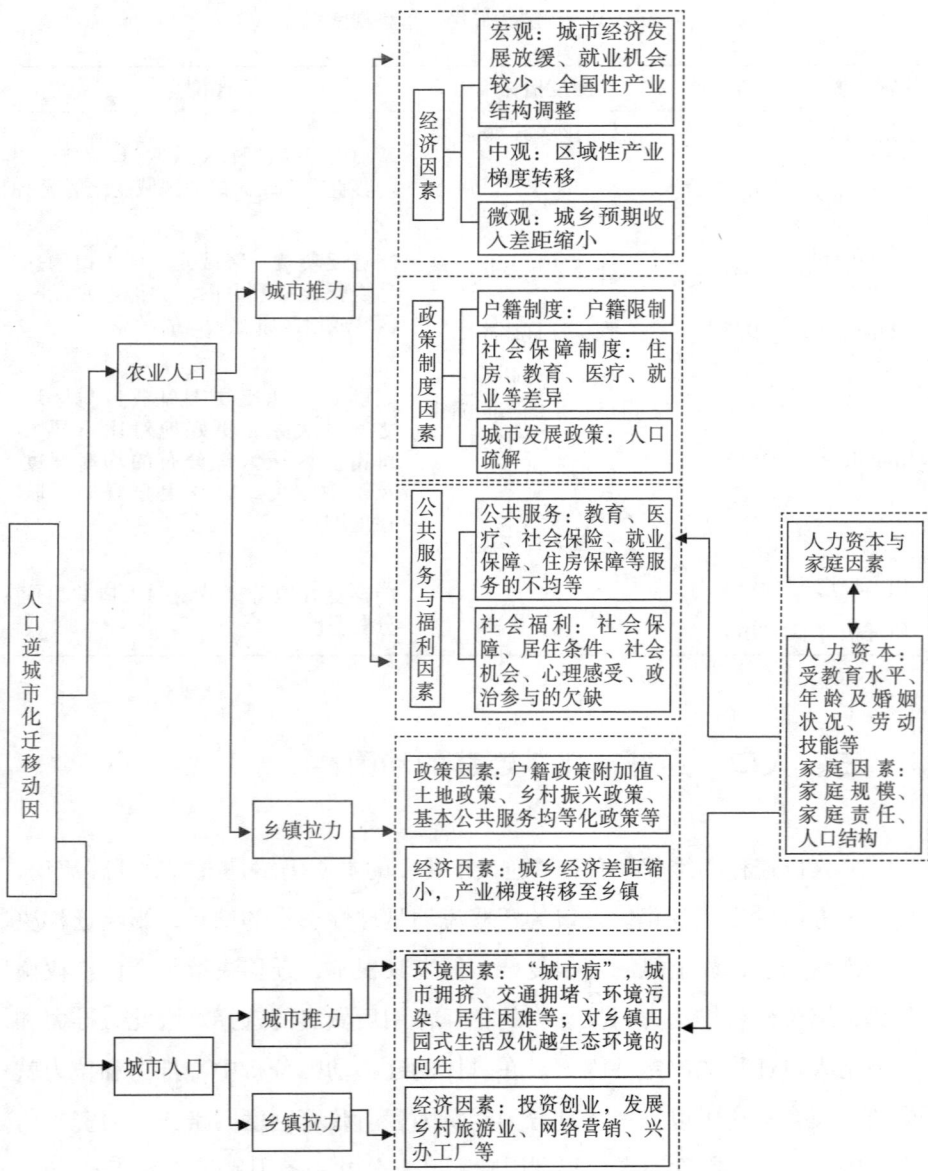

图 2-6　人口"逆城市化"决策的影响因素

1. 经济因素

从宏观角度来看，城乡经济的协调发展、城乡差距的日益缩小以及全国范围内产业结构的调整给"逆城市化"带来了契机。Irwin 通过整理回顾美国农业经济文献得出，美国"逆城市化"现象的出现是由于农村地区经济拉力——收入水平的持续上升以及就业机会的不断增加所导致的。[①]Stark 和 Taylor 认为"逆城市化"现象的出现是由于城市经济拉力不足、吸引力不够所导致的，具体表现为城市就业机会不充分、工作获取相对困难，这是推动人口逆向迁移的重要因素。[②] 吴玥燹认为我国东部经济发展速度略微放缓，以及发达地区产业向高附加值转型，将低附加值产业向中西部地区转移，这是形成劳动力向中西部地区逆向迁移的根本原因。[③] 王春超等从产业变迁的视角，分析了我国农民工回流现象的原因。研究结果表明，东部向中西部的产业转移在一定程度上增加了中西部的就业机会，为农民工返乡回流、就近工作提供了机会。[④] 从中观角度看，区域及城市产业梯度转移是人口"逆城市化"的重要助推力。Berry 分析了美国"逆城市化"产生的原因，认为经济快速增长的产业由中心城区向城市边缘、郊区和非大都市区转移，为这些地区带来了新的就业增长点，从而吸引了劳动力由中心向外围的转移。[⑤] 郭力等基于中部六省的农户调查数据，分析得出区

---

① Irwin E G，Isserman A M，Kilkenny M，et al. A Century of Research on Rural Development and Regional Issues［J］. *American Journal of Agricultural Economics* ，2010，92（2）：522–553.

② Stark O，Taylor J E. Migration incentives，migration types：the role of relative deprivatio［J］. *The economic journal* ，1989，101（408）：1163–1178.

③ 吴玥燹. 中国城市化进程中人口"逆向"迁移流动动因分析［M］.北京：经济科学出版社，2017：48–52.

④ 王春超，李兆能，周家庆. 躁动中的农民流动就业：基于湖北农民工回流调查的实证研究［J］. 华中师范大学学报（人文社会科学版），2009，48（3）：55–62.

⑤ Berry B J L. Urbanization and Counterurbanization in the United States［J］. *The ANNALS of the American Academy of Political and Social Science* ，1980，451（1）：13–20.

域内产业的梯度转移及结构调整是影响农民工回流意愿的重要因素。[①] 从微观视角来看,个体的成本—收益差距以及预期收入均是劳动力进行迁移的重要考量。陈兆旺从经济理性及社会效益角度对农民工回流现象进行解读,认为当城乡预期收益差距为正且较大时,农民工会选择流入城市;当这一差距缩小或为负时,农民工则选择逆向回流至农村。[②] 伍振军认为我国农民工做出回流决策的根本原因在于收益与成本的比例关系。[③] 任远、施闻通过微观调研数据验证了外出劳动力在城市中的收入水平越低,越有可能返乡回流。[④]

2. 政策及制度因素

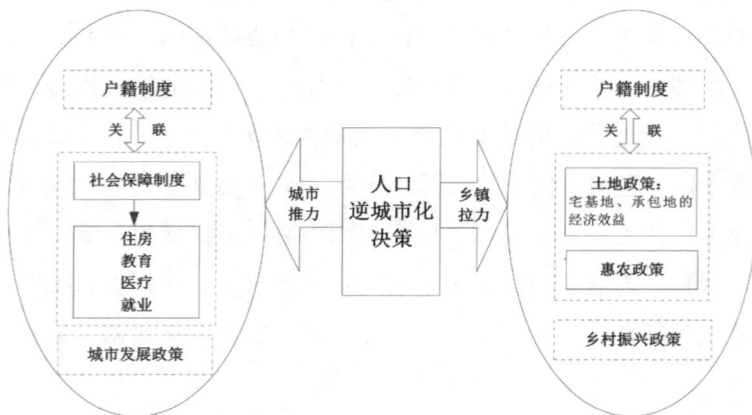

图 2-7　政策及制度因素对人口"逆城市化"决策的作用机理

---

① 郭力,陈浩,曹亚. 产业转移与劳动力回流背景下农民工跨省流动意愿的影响因素分析:基于中部地区 6 省的农户调查 [J]. 中国农村经济,2011(6):45-53.

② 陈兆旺. 当前中国农村劳动力回流的理性分析 [J]. 成都行政学院学报,2009(3):88-91.

③ 伍振军,郑力文,崔传义. 中国农村劳动力返乡:基于人力资本回报的理论和实证分析 [J]. 经济理论与经济管理,2011(11):100-108.

④ 任远,施闻. 农村外出劳动力回流迁移的影响因素和回流效应 [J]. 人口研究,2017,41(2):13.

　　政策及制度的累积效应及变动效应都对人口的迁移决策具有深远影响。具体来说，户籍制度、城乡发展政策、社会保障制度、土地政策和惠农政策等都与人口的"逆城市化"迁移选择密切相关。其中，户籍制度的存在既可表现为拉力又可表现为推力，并与社会保障制度、土地制度等相关联，共同作用于农业劳动力回流现象。推力具体表现为城市推力，即户籍制度的存在阻碍了农业转移人口真正融入城市。虽然他们生活在城市，但无法像城市居民一样平等地享受基本公共服务，无法享有同等的社会保障，也无法得到身份的认同，其福利水平提升的诉求难以实现。[①] 拉力主要表现为农村户籍相对价值的提升，农村户籍连带的承包地、宅基地等经济价值的提升一定程度上吸引了农业转移人口的返乡。[②] 土地政策主要包括土地流转政策、宅基地及土地承包政策等。蔡瑞林等认为对农民土地权益的保护以及农村土地价值的凸显，充当了农民工返乡回流的重要拉力。[③] 城市社会保障制度的不完善，特别是对在城市就业的农业转移人口缺乏足够的社会保障、社会福利、住房保障、就业保障等，造成其被动回流。[④] 此外，由于人口基数过大，城市承载力无法满足人口的迅速增长的需求，北京、上海等超大城市在城市发展过程中有计划地实施人口疏解政策，这也成为部分人口进行"逆城市化"的原因。[⑤]

[①] 吴玥彣. 中国城市化进程中人口"逆向"迁移流动动因分析[M]. 北京: 经济科学出版社，2017: 82.

[②] 黄少安，孙涛. 中国的"逆城市化"现象："非转农"——基于城乡户籍相对价值变化和推拉理论的分析[J]. 江海学刊，2012（3）: 7.

[③] 蔡瑞林，陈万明，王全领. 农民工"逆城市化"的驱动因素分析[J]. 经济管理，2015，37（8）: 161-170.

[④] 任远，施闻. 农村外出劳动力回流迁移的影响因素和回流效应[J]. 人口研究，2017，41（2）: 13.

[⑤] 赵成伟. 区域协同发展视角下首都人口疏解作用路径及效果研究[D]. 北京: 北京邮电大学，2019.

3. 人力资本及家庭因素

从微观视角分析，人力资本及家庭因素一直是人们做出迁移抉择的重要依据。就个体人力资本而言，主要可以从以下几个方面考量：一是受教育水平。有研究表明，就农民工群体而言，受教育程度正向影响其在城市居留的意愿。强调农民工返乡是由于自身受教育水平有限，文化程度和技术水平偏低，导致在城市就业缺乏竞争力而被迫回流。[①] 也有研究表明，教育程度与返乡回流的劳动力教育水平并非正相关，返乡劳动力的教育水平可能更高。[②] 二是年龄状况。有学者认为，年龄较大的劳动力是返乡的主力军，因为其在城市就业机会随着年龄的增长而下降，从而被迫离城返乡。[③] 三是婚姻状况，已婚劳动力更倾向于返回家乡。[④] 四是就业结构和劳动技能。有学者指出，收入水平越低、从事职业地位越低的劳动力越有可能离城返乡。[⑤] 此外，劳动技能对劳动力的反向迁移决策也有重要影响。牛建林通过实证分析得出，20 世纪以来，拥有农业技能的男性流动者和拥有非农业技能的女性流动者的返乡可能性更高。对于家庭因素来说，家庭

---

① 李楠. 农村外出劳动力留城与返乡意愿影响因素分析［J］. 中国人口科学，2010（6）：102-108；牛建林. 城市"用工荒"背景下流动人口的返乡决策与人力资本的关系研究［J］. 人口研究，2015（2）：17-31.

② 白南生，何宇鹏. 回乡，还是外出？安徽四川二省农村外出劳动力回流研究［J］. 社会学研，2002（3）：64-78.

③ Zhao Y. Causes and Consequences of Return Migration：Recent Evidence from China［J］. *Journal of Comparative Economics*，2002（2）：376-394；伍振军，郑力文，崔传义. 中国农村劳动力返乡：基于人力资本回报的理论和实证分析［J］. 经济理论与经济管理，2011（11）：100-108.

④ 白南生，何宇鹏. 回乡，还是外出？安徽四川二省农村外出劳动力回流研究［J］. 社会学研，2002（3）：64-78.

⑤ 伍振军，郑力文，崔传义. 中国农村劳动力返乡：基于人力资本回报的理论和实证分析［J］. 经济理论与经济管理，2011（11）：100-108.

责任、家庭规模和人口构成、家庭是否缺乏劳动力都与农民工返乡密切相关。有学者认为，家庭中需要承担照顾的人数越多、责任越重，劳动力回流的可能性越大。因为留守的老人、儿童、配偶都是促使他们返乡的原因。此外，家庭劳动力的缺失也是促使劳动力返乡的重要拉力。[①]

4. 公共服务与个体福利因素

现阶段我国人口呈现出双向流动特征，不仅有乡－城迁移，更有城－乡流动，有学者认为这种人口外流现象的驱动因素已经由单纯的收入、就业等经济因素向寻求个人发展、体验城市生活、享受城市公共服务等多元化因素转变。[②] 随着户籍制度改革的不断推进和人们生存状态的不断改善，基本公共服务已成为流动人口在做出迁移、定居决策时更为关注的福祉。[③] 这就说明，人们除了会理性选择更高收入的经济流动外，还会出现寻租式流动，即为了不同的生活方式和福利待遇而选择迁移或流动。夏怡然、陆铭的研究表明，人们会更倾向于选择向公共服务更好的城市流动，而公共服务均等化政策的提出在一定程度上缓解了人口蜂拥至公共服务水平较高的超大、特大城市的现象，使人口空间分布更加均衡。[④] 杨刚强等通过使用家庭追踪调查数据（CFPS2010），从家庭决策的视角验证了基本公共服

① 牛建林. 城市"用工荒"背景下流动人口的返乡决策与人力资本的关系研究［J］. 人口研究，2015（2）：17-31；白南生，何宇鹏. 回乡，还是外出？安徽四川二省农村外出劳动力回流研究［J］. 社会学研，2002（3）：64-78；Zhao Y. Causes and Consequences of Return Migration：Recent Evidence rom China［J］. *Journal of Comparative Economics*，2002（2）：376-394.

② 张翼. 农民工"进城落户"意愿与中国近期城镇化道路的选择［J］. 中国人口学，2011（2）：14-26.

③ 蔡昉. 重新认识城市基本功能 回归"公共产品提供者"本意［EB/OL］.（2012-03-25）［2023-03-01］. http://news.ifeng.com/c/7fbkfxsFGfh.

④ 夏怡然，陆铭. 城市间的"孟母三迁"——公共服务影响劳动力流向的经验研究［J］. 管理世界，2015（10）：78-90.

务水平与劳动力的迁移决策之间的关系，其中，医疗卫生水平、住房条件和居住环境对劳动力及其家庭的迁移决策有显著影响。[①] 林李月等发现，在流动人口获得医疗保险、失业救助、住房保障等基本公共服务较为有限时，其在城市的居留意愿较低。[②] 同时，黎嘉辉从流动人口对城市公共物品的需求视角，研究了公共服务特别是教育资源是造成房价与人口流动意愿呈倒 U 形关系的原因。[③] 刘欢的研究论证了基本公共服务供给的提高有助于促进流动人口的稳定迁移和家庭的完整迁移，在个体和家庭的迁移决策中扮演着重要角色。[④] 刘金凤、魏后凯从群体异质性角度出发，得出结论表明城市公共服务对城镇流动人口和第一代农民工的永久迁移意愿影响更强，但对第二代农民工的影响较弱。[⑤]

　　除了公共服务因素，一些学者还从结果维度出发，分析福利因素对人口迁移流动的影响。姜晓萍、陈朝兵认为，社会福利是公共服务公共性的内涵所在，共享社会福利是公共服务公共性的结果。[⑥] 政府提供公共服务的根本目的在于通过提升居民福利促进人的全面发展。[⑦] 可见，公共服务

① 杨刚强，孟霞，孙元元，等.家庭决策、公共服务差异与劳动力转移［J］.宏观经济研究，2016（6）：105-117.

② 林李月，朱宇，柯文前，等.基本公共服务对不同规模城市流动人口居留意愿的影响效应［J］.地理学报，2019，74（4）：123-138.

③ 黎嘉辉.城市房价，公共品与流动人口留城意愿［J］.财经研究，2019，451（6）：87-101.

④ 刘欢.户籍管制、基本公共服务供给与城市化——基于城市特征与流动人口监测数据的经验分析［J］.经济理论与经济管理，2019（8）：15.

⑤ 刘金凤，魏后凯.城市公共服务对流动人口永久迁移意愿的影响［J］.经济管理，2019，41（11）：22-9.

⑥ 姜晓萍，陈朝兵.公共服务的理论认知与中国语境［J］.政治学研究，2018，143（6）：2-15.

⑦ 迟福林.走向公平可持续增长的转型改革［J］.经济体制改革，2013（6）：5-7.

与社会福利是紧密相连的。这也是本书将其放在一个维度上讨论的原因。对于福利因素与人口迁移的关系，多数学者从户籍制度的视角出发，认为虽然户籍制度在限制人口流动上的功能与意义在不断减弱，但附着于户籍制度上的社会福利对不同身份群体的作用依然明显。获取户籍及其背后的社会福利就像一道坎，阻碍了外来人口定居迁入地的意愿。[1]王祖山等认为，人口是受居住福利吸引而流动的。居住福利水平越高，城镇人口净流入的规模越大。[2]齐红倩等学者的研究则更加聚焦和细化，以农业转移人口为考察对象，以阿玛蒂亚森的可行能力理论为指导，实证分析得出社会保障、收入水平、居住条件、社会机会、心理感受、政治参与等福利状况的改善是有效降低农业转移人群"逆城市化"倾向的关键要素。[3]

5. 环境因素

对于"逆城市化"的对象而言，不仅有农业人口（农村回流人口），还有城市人口（城市迁出人口），特别是城市的中产阶层。然而，极少有学者关注并探究这类群体"逆城市化"的决策动机。金如委、宫宝利将由城市向乡镇迁移的这部分城市迁出人口定义为"乡村新移民"，并将其逆向迁移的动因归纳为对田园生活及乡镇自然环境的向往。[4]另一部分学者

---

[1]　刘欢. 户籍管制、基本公共服务供给与城市化——基于城市特征与流动人口监测数据的经验分析［J］. 经济理论与经济管理，2019（8）：15.

[2]　王祖山，周明月，梁世夫. 居住福利、人口流动与城镇化——基于江苏省的实证分析［J］. 中南民族大学学报（人文社会科学版），2017，37（4）：6.

[3]　齐红倩，席旭文，刘岩. 福利约束与农业转移人口逆城镇化倾向［J］. 中国人口·资源与环境，2018，28（1）：16-25.

[4]　金如委，宫宝利. "乡村新移民"地方感研究——基于浙江省的实证调查［J］. 天津师范大学学报（社会科学版），2017（6）：61-65.

则将城市人口"逆城市化"迁移的动机归因于空气污染及生态环境的恶化。[①] 吴玥彧、张慧则从更为全面的角度，系统分析了各种"城市病"对城市人口逆向迁移流动的影响，包括城市拥挤、交通拥堵、环境污染、居住困难等。[②]

---

① 孙中伟，孙承琳. 警惕空气污染诱发"逆城市化"：基于流动人口城市居留意愿的经验分析［J］. 华南师范大学学报（社会科学版），2018（5）：134-141；肖瑞青，刘希庆，林琛，等. 核心城区逆城镇化背景下郊区小城镇城镇化发展路径研究——以北京市顺义区杨镇为例［J］. 北京城市学院学报，2020（1）：7-16.

② 吴玥彧. 中国城市化进程中人口"逆向"迁移流动动因分析［M］. 北京：经济科学出版社，2017：48-52；张慧. 中产阶层逆城镇化生活方式研究——以大理现象为例［J］. 湖南师范大学社会科学学报，2018（2）：92-101.

第三章　我国城乡关系演进历程与 "逆城市化" 特征

自 1949 年中华人民共和国成立以来，我国的城乡关系在经历了数十年的曲折发展变化后，逐步走向融合，城乡差距也逐步呈现缩小态势。具体而言，我国的城乡关系大致经历了新中国成立之初到改革开放前的城乡二元阶段、改革开放至党的十八大的城乡关系调整与协调发展阶段、党的十八大至今的城乡融合发展三个阶段。在整个发展过程中，随着城乡关系的不断融合发展，户籍制度、人口政策的不断完善，"逆城市化" 的表现形式也由计划性、政策性、偶发性向区域性、多样性转变。

一、城乡二元阶段与计划性 "逆城市化"

1. 城乡二元阶段：1949—1977 年

在新中国成立之初，我国通过了具有临时宪法性质的《中国人民政治协商会议共同纲领》，其中第二十六条提出，我国经济建设的根本方针是 "以公私兼顾、劳资两利、城乡互助、内外交流的政策，达到发展生产、繁荣经济的目的"。因此，在新中国成立伊始，国家发展的基本经济纲领包括城乡互助发展。^①但是，面对西方国家的封闭与挑衅，我国内部经济形势的日益严峻与物质基础极度匮乏的双重压力，为了巩固新生的人民政权，加快提高我国的现代化水平及国防实力，我国借鉴了苏联重工业优先的发展战略。1953 年，中共中央作出《关于实行粮食的计划收购与计划供应的决议》，提出对农民粮食实施"统购统销"政策，该政策实施的工作量庞杂，困难巨大，人民公社制度应运而生。人民公社制度虽然简化了"统购统销"的手续，掌握了农产品生产、销售的全过程。但是，在这一过程中，工农产品之间形成了巨大的"剪刀差"^②，农业部门为工业部门提供了大量的原始积累，工业及城市虽然得到了极大发展，但城市与农村的二元状态被强化。

另一方面，户籍制度的提出也一定程度上强化了城乡的二元状态。户籍制度最初是为了登记人口迁移状况、便于统计和管理之目的而设计的。但是，由于统购统销、人民公社制度等的实施，农村人口向城市迁移的外流现象日趋严峻，农业劳动力逐年减少。在此背景下，国家出台了一系列关于控制人口盲目流入城市的文件与政策（表 3-1），其中包括《关于制止农村人口盲目外流的指示》《关于严格管理大中城市集市贸易和坚决打击投机倒把的指示》《中华人民共和国户口登记条例》等。^③特别是，《中华人民共和国户口登记条例》的出台，从法律层面上将城市和农村居民区分开来。

---

① 魏后凯. 新中国农业农村发展研究 70 年［M］. 北京：中国社会科学出版社，2019：373.

② 丁宁. 中国特色城乡关系：从二元结构到城乡融合的发展研究［D］. 长春：吉林大学，2020：45-50.

③ 张延曼. 新时代中国特色城乡融合发展制度研究［D］. 长春：吉林大学，2020：66-70.

表 3-1　1949—1977 年我国城乡关系文件与政策摘选

序号	出台时间	文件与政策	主要内容
1	1949	《中国人民政治协商会议共同纲领》	提出了公私兼顾、劳资两利、城乡互助、内外交流的政策
2	1953	《关于实行粮食的计划收购与计划供应的决议》	提出实施粮食等主要农产品的统购统销
3	1957	《关于制止农村人口盲目外流的指示》	劝阻农业人口盲目外流、同时劝返已经流出的农业人口返回原籍
4	1958	《中华人民共和国户口登记条例》	提出公民由农村前往城市必须持有城市劳动部门的录用证明、学校的录取证明、城市户口登记机关的准予迁入证明
5	1963	《关于严格管理大中城市集市贸易和坚决打击投机倒把的指示》	动员在城市经商的精简下放人员及盲流人员返乡，有计划地劝返农业人口

2. 计划性"逆城市化"

1949—1978 年间，我国的城乡关系处于二元分化状态，户籍制度也一定程度上加重了这一分化。在这一时期，我国的人口"逆城市化"现象大多是有计划、有规划、政策性的"逆城市化"。在新中国成立之初（1949—1959 年），从人口分类视角来看，我国出现了三类人群的"逆城市化"现象。第一类为城市失业及闲散人员。在解放之初，城市百废待兴，难以容纳过多的人口定居城市，因此，人民政府积极组织城市失业人口及闲散人员下乡就业。据统计数据显示，在解放较早的北京，到 1949 年 8 月已有近 20 万人口被分散到周边农村。[1] 第二类为盲目流入城市的农业人口。在新中国成立之初，仅 1950 年，人民政府就组织并动员了 16.5 万原籍在农村的失业人员返回农村参加农业生产活动。[2] 国内其他大城市

---

① 彭真. 彭真同志总结报告摘要［A］. 北京市人大常委会办公厅，北京市档案馆. 北京市人民代表大会文献资料汇编（1949—1993）［C］. 北京：北京出版社，1996：13.

② 《当代中国》丛书编辑部. 当代中国的劳动力管理［M］. 北京：中国社会科学出版社，1990：47.

也均有十万左右的人口由城市向农村疏散。[①] 此后，在 1955—1956 年间，人民政府又组织了一批城市失业人员、无业人员下乡插社、插场或去农场开荒生产。根据北京等六市两省的统计数据，失业人员下乡的，连同家属共计 86 万余人。[②] 在 1960—1978 年间，我国人口的"逆城市化"也主要与户籍制度及相应政策有关。1958 年我国确定并开始实施《中华人民共和国户口登记条例》，在一定程度上分化了城市与农村居民的身份，使流动人口大幅减少。因此，我国城镇人口连续三年出现负增长，仅 1962 年一年，城镇人口就减少了 1048 万人，在此后的 1965—1972 年间，除 1964 年外，人口城市化变动率均为负，人口保持了持续的"逆城市化"态势。

二、城乡关系缓和协调阶段与政策性、偶发性"逆城市化"

1. 城乡关系缓和协调阶段：1978—2011 年

1978 年，党的十一届三中全会召开，将发展重心转移到经济建设上来，将改革开放确定为我国的基本国策。同时，为适应社会主义市场经济体制，符合农业生产特点，提出了以家庭承包经营为基础的农村基本经营制度。[③] 这次改革将土地产权划分为所有权和经营权两类，所有权归集体所有，经营权归农民自己所有，农民的身份也从劳动者转变为经营者和生产者。1982 年，中共中央转批《全国农村工作会议纪要》，这是我国第一个关于"三农"问题的"中央一号文件"。其中提出要通过对农村经济的调整与改革，改善农村商品流通、提升农业科学技术等方式来激发农

① 邱国盛. 当代中国"逆城市化"研究（1949–1978）［J］. 社会科学辑刊，2006.

② 《当代中国》丛书编辑部. 当代中国的劳动力管理［M］. 北京：中国社会科学出版社，1990：12.

③ 陈锡文，赵阳，陈剑波，等. 中国农村制度变迁 60 年［M］. 北京：人民出版社，2009：7.

民的生产积极性，促进农村经济的蓬勃发展，表明了对农业发展的关切。伴随着改革的不断深入，我国城乡分割的局面也有所缓和。具体而言，城乡关系的缓和主要体现在三个方面：一方面是产业发展结构的调整。这一时期，党的工作重点不再集中于城市，农业、农村的发展也不断被重视，农业总产值及农村经济均得到了提升。从 1978—1984 年，我国的工业总产值比重由 75.2% 下降到 70.3%，而农业总产值所占比重则由 24.8% 增长到 29.7%，[①] 同时，乡镇企业也不断发展，乡、镇两级企业的就业人数由 1978 年的 2821 万人增加到 1983 年的 3235 万人，产值也由 493 亿增加到 1017 亿。[②] 第二方面是城乡间商品、物资和劳动力要素得以流动。1983 年，国务院批转《国家经济体制改革委员会、商业部关于改革农村商品流通体制若干问题的试行规定》，提出了"改革农村商品的流通体制，必须坚持社会主义道路，维护统一的社会主义市场"的原则，流通渠道的增多，统一社会主义市场的建立为商品、农产品等要素的城乡流动提供了渠道。此外，1984 年《国务院关于农村个体工商业的若干规定》的提出也进一步促进了城乡间物资和劳动力的流动。同年提出的《国务院关于农村个体工商业的若干规定》逐步放宽了户籍的限制，为劳动力的自由流动创造了空间。1996 年，中央农村工作会议提出了"要坚决贯彻优先发展农业的方针，切实解决好农民关注的热点问题"的农业农村发展思路。同年，中共中央、国务院下发的文件《关于"九五"时期和今年农村工作的主要任务和政策措施》提出，要深化农村改革，逐步建立起与社会主义市场经济相适应的农村经济体制和运行机制。

党的十六大进一步将统筹城乡经济社会发展作为破除城乡二元结构的基本方针，城乡统筹战略开始被提上议程。党的十六届三中全会将"统

---

① 孙家驹，虞梅生．走向 21 世纪的中国"三农"问题研究 [M]．南昌：江西人民出版社，1997：57.

② 周叔莲，郭克莎．中国城乡经济及社会的协调发展 [J]．管理世界，1996（3）：10.

筹城乡发展"放在五个统筹之首，标志着城乡关系改善之路的开启。[①] 此后，在 2003 年的中央"一号文件"中指出要遵循"多予、少取、放活"的农业农村发展方向，党的十六届四中全会指出我国已经步入了城市反哺农村的阶段。之后，2005 年，十届全国人大常委会第十九次会议决定，自 2006 年 1 月 1 日起废止《中华人民共和国农业税条例》，承袭 2000 多年的农业税得以终结。这一决议是解决"三农"问题、减轻农民负担、解放农村生产力、提升农民公民权利的重要举措，标志着传统分配方式的转变，国家对农业的财政支持力度的加大。党的十六届五中全会通过的《中共中央关于制定国民经济和社会发展第十一个五年规划的建议》进一步强调了要建立"以工促农，以城带乡"的长效机制。在党的十六大的基础上，党的十七大提出"要建立以工促农，以城带乡长效机制，形成城乡经济社会发展一体化新格局"[②]。2008 年，党的十七届三中全会审议通过《中共中央关于推进农村改革发展若干重大问题的决定》，明确指出了要加强农业的基础设施建设，同时也要加快农村公共事业的发展。其中，加强农业的基础设施建设是发展现代农业的重要物质条件，要在农业现代化思想的引领下，支持农业工业发展，加快推进农业机械化。同时，也要加快农村公共事业的发展，使广大农民能够"学有所教、劳有所得、病有所医、老有所养、住有所居"。2010 年，党的十七届五中全会通过的《中共中央关于制定国民经济和社会发展第十二个五年规划的建议》中提出了工业化、城镇化、农业现代化"三化同步"的重大任务，并提出坚持把解决好农业、农村、农民问题作为全党工作的重中之重。城乡统筹和城乡一体化战略的实施将城市与农村、工业与农业、市民与农民作为一个整体来规划，同时，注重完善农村的基础设施建设、优先发展农村教育、推动资源共享、逐步

---

① 张延曼. 新时代中国特色城乡融合发展制度研究［D］. 长春：吉林大学，2020：71-75.

② 胡锦涛. 高举中国特色社会主义伟大旗帜，为夺取全面建设小康社会新胜利而奋斗：在中国共产党第十七次全国代表大会上的报告［N］. 人民日报，2007-10-25（1）.

建立统一的社会保险公共服务平台，加快改善农村的生产和生活条件。可见，城乡统筹与城乡一体化发展战略的提出对调整城乡发展战略，缩小城市与乡村的发展差距具有重要意义，城乡关系迈入了新阶段。

表3-2　1978—2011年我国城乡关系文件与政策摘选

序号	出台时间	文件与政策	主要内容及意义
1	1978	家庭联产承包责任制	将土地产权归为所有权及经营权，使农民在集体经济中既是生产者又是经营者，调动了农民的生产积极性
2	1982	《全国农村工作会议纪要》	提出健全农业生产责任制、改善商品流通、提高农业科学技术等措施，对加快农业发展具有积极意义
3	1984	《国务院关于农村个体工商业的若干规定》	提出发展农村个体工商业，允许农村个体工商业者加入本县、市的个体劳动者协会
4	1996	《关于"九五"时期和今年农村工作的主要任务和政策措施》	深化农村改革，逐步建立起与社会主义市场经济相适应的农村经济体制和运行机制
5	2003	《中共中央关于完善社会主义市场经济体制若干问题的决定》	提出要统筹城乡发展，并将其放在五个统筹之首
6	2004	《中共中央国务院关于促进农民增加收入若干政策的意见》	提出对农村要坚持"多予、少取、放活"的方针，尽快扭转城乡居民收入差距不断扩大的趋势
7	2006	《中共中央关于制定国民经济和社会发展第十一个五年规划的建议》	提出建立"以工促农、以城带乡"的长效机制
8	2008	《中共中央关于推进农村改革发展若干重大问题的决定》	明确指出了要加强农业的基础设施建设，加快公共事业发展
9	2008	《中共中央关于推进农村改革发展若干重大问题的决定》	提出推进城乡经济社会发展一体化战略
10	2010	《中共中央关于制定国民经济和社会发展第十二个五年规划的建议》	提出工业化、城镇化、农业现代化"三化同步"，并坚持把解决好农业、农村、农民问题作为全党工作的重中之重

2. 政策性、偶发性"逆城市化"

20世纪80年代至2011年，这一阶段，我国人口的"逆城市化"现象以政策性和偶发性为主，户籍政策、经济发展政策、惠农政策是推动人口"逆城市化"的根本原因。我国在1989—1991年步入了三年整顿时期,人口的"逆城市化"也发生于这一时期。我国实施的家庭联产承包责任制解放了劳动生产力,在1984年农业大丰收后,掀起了工业化热潮,激发了农村劳动力向城市转移的热忱,从1984年到1988年,我国的非农产业就业人数达到了8611万人。[①] 但从1988年下半年开始,我国出现了经济过热的现象,同时也出现了通货膨胀。针对这些问题,国家做出了"治理经济环境,整顿经济秩序"的决定,标志着我国进入了三年整顿时期。在这一时期,为了恢复过高过热的经济,国家先后采取了压缩社会需求、抑制通货膨胀等措施。[②] 这些措施,使得城市的就业岗位大幅缩减,对农民工的吸纳能力下降,使得大量农业劳动力被迫回流到农村。此后,在20世纪90年代初,我国开始加强对户籍和农业人口进城务工的管理。1989年,国家多次发布文件限制农业人口盲目流入城市。1990年,国务院开始要求对农业人口进城实施有效的控制和管理,建立临时务工许可证和就业登记制度。1991年,我国城市开始强制实施"三无"人员,即"无合法证件、无固定住所、无稳定经济来源"的遣返措施,使得农村剩余劳动力向城市迁移流动受到限制。另外,随着我国经济体制的不断深化改革,国有资产不断退出,企业转型,大批企业在缺乏国家资本支持的情况下倒闭,致使部分农民工迫于竞争压力和就业压力选择返乡回流,且这种现象在东部沿海地区显著增多。此外,国家在1990年通过了《中华人民共和国城市规划法》,以法律形式调整了对城市发展的指导思想,强调"严格控制大城市规模,合理发展中等城市和小城市",并开始将城市化发展的重心向中小城市倾斜。这些政策鼓励中小城市发展,使得农业转移人口返回家乡,并落脚乡镇进行就业和创业。

---

① 杨云彦. 中国人口迁移的规模测算与强度分析 [J]. 中国社会科学,2003(6):97–107.

② 吴玥弢. 中国城市化进程中人口"逆向"迁移流动动因分析 [M]. 北京:经济科学出版社,2017:53.

　　以时间为线索，2000 年后，我国首先出现的"逆城市化"现象是发生在长三角及珠三角的"民工荒"。2004 年以来，农民工由于工资待遇低、生活水平落差大等因素的影响，开始返回农村，致使长三角及珠三角地区出现了临时性、局部性的劳动力供需失衡现象，沿海地区普遍出现"抢工"现象。与此同时，以户籍相对价值驱动的"非转农"现象也是人口"逆城市化"的核心表现。随着国家对"三农"问题关注的增加，政策向农村农民的逐步倾斜，承包地、宅基地的收益以及生育政策的城乡差异使得农业户籍的相对价值提升，致使大量非农人口将户籍转变为农业人口。2007 年台州掀起了"非转农"的风潮，仅椒江、路桥、黄岩三区就有五千余名大中专毕业生将户口迁回农村。2006 年 5 月 1 日，该市椒江区率先正式实施了《大中专毕业生回原籍农村落户实施办法》，截至 2007 年 6 月底，陆续有 2018 位大中专毕业生办理了"非转农"手续。① 以区域为线索，由于大城市的高房价以及高生活成本，出现了以"逃离北上广"为代表的"逆城市化"现象。2008 年，受到全球经济危机影响，我国以外向型经济为主导的东南沿海地区受到明显冲击，并波及在此工作的农民工。农业部 2009 年 1 月的调查统计结果显示，东南沿海地区"返乡潮"兴起，提前返乡的农民工数量达到近 2000 万人，约占农民工就业总量的 15%。②

---

　　① 杨江. 台州"非转农"真相［J］. 乡镇论坛，2007（03X）：1.

　　② 王春雷. 新中国建立后我国"逆城镇化"现象及其城乡均衡效应［J］. 湖南科技大学学报（社会科学版），2018（2）：114-121.

三、城乡融合发展阶段与区域性、多样性"逆城市化"

1. 城乡融合发展阶段：2012 年至今

2012 年，党的十八大报告提出了加快完善城乡关系发展过程中的体制机制，特别强调推进城乡之间基础设施、公共服务等方面的均衡发展，促进城乡之间要素的自由平等流动，均衡配置城乡的公共资源，构建一种健康良好的新型城乡关系。之后，2013 年党的十八届三中全会进一步提出破除城乡二元关系，实现城乡的一体化发展，并为此出台了相应的方针政策，包括促进农业人口向城市的流动；增强农业的基础性地位；加大对农业的财政支持力度。2014 年，中共中央国务院印发的《关于全面深化农村改革加快推进农业现代化的若干意见》中提出了健全城乡发展一体化体制机制、强化农业支持保护制度、建立农业可持续发展长效机制、深化农村土地制度改革等方针，并确定了进一步开展村庄人居环境整治、推进城乡基本公共服务均等化、加快推动农业转移人口市民化等举措。2015 年，中央一号文件《关于加大改革创新力度加快农业现代化建设的若干意见》明确了要围绕城乡一体化，深入推进新农村建设的要求，并提出具体从加大农村基础设施建设力度、提高农村公共服务水平、鼓励社会资本向农村投入等方面逐步缩小城乡之间的差距。2016 年，中央一号文件《关于落实发展新理念加快农业现代化 实现全面小康目标的若干意见》中强调要用发展理念来破解"三农"问题，加大创新驱动力，推进农业供给侧结构性改革。在供给侧改革中，要加快农业发展方式的转变，走出一条农业现代化发展道路。在城乡关系方面，要坚持新型城镇化与新农村建设双轮驱动、互促共进，同时让广大农民也能够平等地参与现代化进程，共享现代化成果。

2017 年，中共十九大报告提出实施乡村振兴战略，并在此基础上提出了城乡融合的新发展理念，这是对城乡关系发展战略的一大调整，标志着中国特色社会主义工农城乡关系进入新的历史时期。[①]2018 年，中共中央国务院印发了《乡村振兴战略规划（2018—2022 年）》，明确了实施乡村振兴战略是解决新时代我国社会主要矛盾、实现"两个一百年"奋斗目标和中华民族伟大复兴中国梦的必然要求，具有重大的现实意义和深远的历史意义；并提出坚持农业农村优先发展、坚持农民主体地位、坚持城乡融合发展等方面的基本原则。2019 年，中央一号文件《中共中央 国务院关于坚持农业农村优先发展做好"三农"工作的若干意见》中提出必须坚持把解决好"三农"问题作为全党工作的重中之重不动摇，并以坚持农业农村优先发展为总方针，以实现农业农村现代化为总目标，并继续做好"三农"问题相关工作。同年，国家发展改革委印发《2019 年新型城镇化建设重点任务》，提出"培育发展现代化都市圈，推进大城市精细化管理，支持特色小镇有序发展，加快推动城乡融合发展"的发展目标。此外，2019年，《中共中央 国务院关于建立健全城乡融合发展体制机制和政策体系的意见》提出要"坚决破除妨碍城乡要素自由流动和平等交换的体制机制壁垒，促进各类要素更多向乡村流动……为乡村的振兴注入新动能"。2020 年，十九届五中全会提出的《中共中央关于制定国民经济和社会发展第十四个五年规划和二〇三五年远景目标的建议》[②]中强调了"推动形成工农互促、城乡互补、协调发展、共同繁荣的新型工农城乡关系，……，健全城乡融合发展机制，推动城乡要素平等交换、双向流动"的城乡发展方针。总结来看，城乡融合发展战略的关键在于"融合"，要点主要包括以下三方面：一是各种要素在城乡之间的融合，其中既包括劳动力要素和土地要素，也包括资金、资源、公共服务等要素。城乡融合就是要使这些要素能够在城

---

① 湖南省中国特色社会主义理论体系研究中心．［EB/OL］.（2018-03-16）［2023-03-01］．实施乡村振兴战略 走城乡融合发展之路 http://theory.people.com.cn/n1/2018/0316/c40531-29872447.html.

② 中共中央关于制定国民经济和社会发展第十四个五年规划和二〇三五年远景目标的建议［N］.人民日报，2020-11-4.

乡之间自由流动，既要促使农村要素流入城市，又要促使城市要素向农村流入；二是区域融合，即城市与乡村要相互影响，相互促进，相互补充，协调发展；三是生活方式的融合，即实现基础设施及公共服务的各个方面在城市及农村之间的平等融合。

表3-3　2012年至今我国城乡关系文件与政策摘选

序号	出台时间	文件与政策	主要内容及意义
1	2012	《关于加快推进农业科技创新持续增强农产品供给保障能力的若干意见》	提出要逐步推行城乡同治
2	2013	《中共中央关于全面深化改革若干重大问题的决定》	提出要破除城乡二元关系，实现城乡的一体化发展
3	2014	《关于全面深化农村改革加快推进农业现代化的若干意见》	提出进一步健全城乡一体化体制机制，加快推进城乡基本公共服务均等化
4	2015	《关于加大改革创新力度加快农业现代化建设的若干意见》	提出要围绕城乡发展一体化，深入推进新农村建设
5	2016	《关于落实发展新理念加快农业现代化 实现全面小康目标的若干意见》	提出要坚持新型城镇化与新农村建设双轮驱动、互促共进
6	2018	《乡村振兴战略规划（2018—2022年）》	提出要坚持农业农村优先发展、坚持农民主体地位、坚持城乡融合发展等基本原则
7	2019	《中共中央 国务院关于坚持农业农村优先发展做好"三农"工作的若干意见》	提出以实现农业农村现代化为总目标，继续做好"三农"问题相关工作
8	2019	《2019年新型城镇化建设重点任务》	提出要支持特色小镇有序发展，加快推动城乡融合发展
9	2019	《中共中央 国务院关于建立健全城乡融合发展体制机制和政策体系的意见》	破除城乡要素自由流动与平等交换的体制机制壁垒，促进各类要素更多流向农村
10	2020	《中共中央关于制定国民经济和社会发展第十四个五年规划和二〇三五年远景目标的建议》	提出要"强化以工补农、以城带乡、推动形成工农互促、城乡互补、协调发展、共同繁荣的新型工农城乡关系"

2. 区域性、多样性"逆城市化"

从 2012 年至今，随着我国经济的不断发展，城市化水平的不断提升，"逆城市化"现象也呈现出群体及发生原因多样化、表现形式多元化、发生区域多重化等特征。以区域为线索，随着东部产业的梯度转移，部分产业转移至中西部地区。因此，部分向外迁移、跨省迁移的农业人口开始选择就近就业或原地就业，以回流为特征的"逆城市化"趋势盛行。据统计，2012 年前后，人口流出大省四川省农业人口跨省迁移的比重由 58.7% 降至48.2%。同样是人口输出大省的河南省，2012 年上半年从外省回流的农民工约 71 万人，2011—2016 年，外出农民工占比由 62.6% 下降至 60.1%。近年来，也出现了一部分城市人口，为了追求更高品质的生活和更舒适的生活环境，选择从城市前往乡镇，回归慢节奏的田园生活。此外，近年来乡村振兴政策的提出也促使部分农业转移人口回乡创业、就业，形成了新的"逆城市化"现象。以群体及形成原因为线索，随着人们生活品质的不断提升，一些城市群体为了获得更高品质的生活，躲避环境污染，提升居住条件而选择"逆城市化"。孙中伟、孙承琳研究发现南方户籍流动人口对雾霾等空气污染的容忍度较低，并选择逃离流入地，选择返乡回流。[1]张慧发现大城市的一些中产阶层为了躲避"城市病"，选择向大理等西部地区的宜居小城镇或农村逆向迁移，并长期定居。[2] 以区域为线索，"逆城市化"现象呈现出多点齐发态势，且多出现于超大、特大城市的周边乡镇。刘芝凤基于对福建的田野调查发现以产业转移为特点的"逆城市化"现象在福建部分地区的古村落表现明显，古村落开发休闲农业及旅游文化

---

① 孙中伟，孙承琳. 警惕空气污染诱发"逆城市化"：基于流动人口城市居留意愿的经验分析［J］. 华南师范大学学报（社会科学版），2018（5）：134-141.

② 张慧. 中产阶层逆城镇化生活方式研究——以大理现象为例［J］. 湖南师范大学社会科学学报，2018（2）：92-101.

产业较为普遍，但可能带来当地人文环境的破坏。[1] 唐任伍、肖博彦基于ROXY指数证明了北京、上海、天津等地已经出现了"逆城市化"现象。[2] 凭借区位、产业、自然资源禀赋、历史文化等优势，浙江省乡村休闲旅游产业发展较快，形成乡村产业转型发展中的新业态，吸引了大批人才及投资入驻，达到了吸引人才、资金等"逆城市化"流动的效果。

四、本章小结

本章对新中国成立以来，我国城乡关系的发展演变历程进行了梳理，大致可分为三大阶段：城乡二元分割阶段（1949—1977年）、城乡关系缓和与协调阶段（1978—2011年）、城乡融合发展阶段（2012至今）。在城乡关系发展的不同阶段，我国的"逆城市化"现象也表现出其独有的特征，由政府主导的计划性"逆城市化"，发展到由城乡关系缓和、惠农政策的提出所引发的政策性、偶发性"逆城市化"，再发展到由城乡融合发展体制机制作用下的区域性、多样性"逆城市化"现象，说明城乡关系的演变与我国的"逆城市化"现象的表现形式及形成机理存在密不可分的关系，有必要在相应的城乡关系发展背景下，即现阶段城乡融合的背景下讨论我国"逆城市化"的发展趋势与动因，从而为合理引导人口流动提供背景依据。

---

① 刘芝凤. "逆城市化"进程中古村落保护与开发的若干问题研究——以闽台历史文化名村为例［J］. 中南民族大学学报（人文社会科学版），2018，229（4）：49-53.
② 唐任伍，肖彦博. 基于ROXY指数的中国"逆城市化"［J］. 经济与管理研究，2017，38（3）：36-42.

第四章 长江经济带人口"逆城市化" 趋势研究

　　本章考察了长江经济带的 11 个城市是否已经显现出"逆城市化"端倪，哪些城市的"逆城市化"迹象明显，这些城市的"逆城市化"程度如何。本章的数据主要来源于 11 个城市及各区县 2016—2020 年的统计年鉴、统计公报，以及《中国县域统计年鉴（县市卷）》（2016—2019）、《中国县域统计年鉴（乡镇卷）》（2016—2019）。主要考察的指标包括常住人口分区变化指数、人口集中度指数、ROXY 指数、人口空间分布情况等，并通过构建"逆城市化"趋势测度指标体系，运用熵值法对城市的"逆城市化"总体趋势进行综合测评。

一、空间分布

1. 研究区域、数据来源与前置分析

（1）研究区域与数据来源

　　本书选取了长江经济带内主要城市（包括上海、南京、杭州、武汉、长沙、南昌、合肥、重庆、成都、昆明和贵阳 11 个城市）为研究区域，

对这些城市是否出现了人口的"逆城市化"现象及其趋势进行了测度。长江经济带横跨东、中、西三大阶梯，作为"带状"经济区，是人口流动聚集的主要区域，拥有重要的经济地位。从全国层面观察，长江经济带经济地位突出，人口流动量巨大。从经济地位来看，2018年长江经济带十一省/直辖市的生产总值为402985.24亿元①，占全国生产总值的45%。从人口流量来看，根据2015年中国人口年鉴，跨省流入的人口占比较多的分别是浙江省（16.97%）、上海市（14.01%）和江苏省（7.70%）；跨省流出人口最多的分别为四川省（16.42%）、安徽省（10.12%）、湖北省（7.22%）、贵州省（6.97%）、重庆市（6.78%）、湖南省（5.97%）和江西省（5.16%），共占流出人口的58.64%。从区域层面来看，长江经济带包括"三极"，即长江三角洲城市群、长江中游城市群和成渝城市群，辐射带动范围广。因此，研究近期长江经济带人口空间分布的"逆城市化"，以及导致人口出现"逆城市化"倾向的原因，具有深远的战略意义。

本书的具体研究数据来自长江经济带主要城市的常住人口数据，主要来源于上海、南京、杭州、合肥、南昌、武汉、长沙、重庆、成都、昆明、贵阳11市2016—2020年的统计年鉴以及各市辖区、市辖县、县级市、代管县等2015—2020年的统计公报，《中国县域统计年鉴（县市卷）》（2016—2019）、《中国县域统计年鉴（乡镇卷）》（2016—2019）。对于区县层级的数据，可获取的数据起止年份为2015—2018年，但由于存在部分年份常住人口数据缺失的现象，本书采用估算方式，计算前后两年的均值来估计这一年的常住人口数量。对于乡镇层级的数据，由于2019年《中国县域统计年鉴（乡镇卷）》中统计口径为户籍人口，过去年份则为常住人口，数据统计口径不一致。因此，需要查找、估算2018年乡镇的常住人口数据，以便尽可能准确地反映常住人口变动的实际情况。在查找中发现上海市、

---

① 中华人民共和国国家统计局：2018年分省年度数据地区生产［EB/OL］.（2019-09-16）［2023-03-01］. http://data.stats/gov.cn/easyqyery.htm?cn=C01.

武汉市等部分地区已公布了部分所辖区的常住人口数据，例如《上海市青浦区统计年鉴（2019）》《武汉市洪山区统计年鉴（2019）》等，其中含有所辖乡镇的常住人口数据。对于其余缺失的常住人口数据，则需要进行估算。具体的估算方法为，从统计年鉴中获取 2015—2017 年各乡镇常住人口与户籍人口的比例均值，然后将其带入 2018 年常住人口的估算中。

（2）城镇化率

依据城市化发展"三阶段"理论，当城镇化率在 50% ~ 70% 时，城市进入"结构调整"为主的阶段；达到并超过 70% 后，进入"质的提升为主"的阶段。[①] 西方发达国家的城市化道路证明，大城市的集聚发展存在上限，过度集聚恐会带来负面效应，导致城市竞争力下降，"逆城市化"现象也多发生于这一阶段，因此，城市化率可以作为探讨"逆城市化"的先导条件进行考量。本书考察了 2015—2019 年间，上海、南京、杭州、合肥、南昌、武汉、长沙、重庆、成都、昆明、贵阳 11 市的常住人口城镇化率[②]（图 4-1）。

[①] Sholtz D A，Willsen R A，薛国屏. 城市生态学［J］. 世界科学，1980（6）：27-32.

[②] 文中城市化与城镇化不做区分，城市化率 = 城镇人口／总人口比重，即城镇化率。

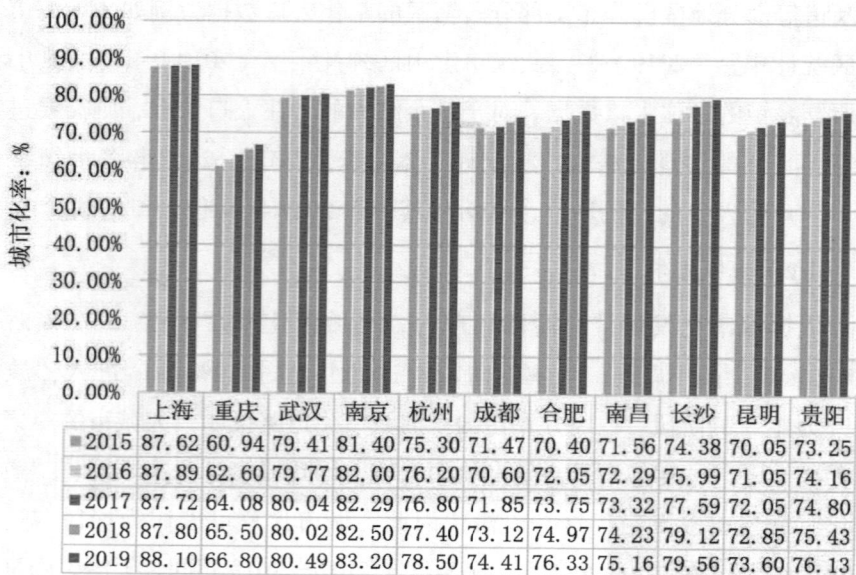

图 4-1 2015—2019 年间长江经济带 11 市常住人口城镇化率（%）

	上海	重庆	武汉	南京	杭州	成都	合肥	南昌	长沙	昆明	贵阳
2015	87.62	60.94	79.41	81.40	75.30	71.47	70.40	71.56	74.38	70.05	73.25
2016	87.89	62.60	79.77	82.00	76.20	70.60	72.05	72.29	75.99	71.05	74.16
2017	87.72	64.08	80.04	82.29	76.80	71.85	73.75	73.32	77.59	72.05	74.80
2018	87.80	65.50	80.02	82.50	77.40	73.12	74.97	74.23	79.12	72.85	75.43
2019	88.10	66.80	80.49	83.20	78.50	74.41	76.33	75.16	79.56	73.60	76.13

由图可知，除重庆市外，其余各市的常住人口城镇化率均已达到并超过 70%。这也在一定程度上表明城市发展进程较快，说明这些城市已经具备一般意义上发生"逆城市化"的条件。因此，在后续的分析中，我们将剔除重庆市，进一步考察剩余 10 个城市相应指标的变化情况。

（3）中心城区、近郊与远郊划分

根据"逆城市化"的定义，人口向远郊迁移也属于"逆城市化"的一部分。因此，明确对区域进行划分是进行后续分析的基础。学界对城市中心区、近郊和远郊的划分并没有明确和一致的意见，周一星、孟延春通过两个维度（土地等级和人口密度）划定了北京、上海、沈阳和大连四个城市的中心、近郊和远郊区。① 他们认为，以人口密度维度来看，中心区人口密度上万，近郊区上千、远郊区上百。袁长丰等也基于人口密度

---

① 周一星，孟延春. 中国大城市的郊区化趋势［J］. 城市规划汇刊，1998（3）：22-27.

维度，对北京的城市中心区、近郊和远郊进行了划分。[①] 城市中心区是人口高密度区，包括东城区、西城区、崇文区、宣武区，平均人口密度为23745人/平方千米；近郊区是人口中密度区，包括朝阳区、海淀区、石景山区和丰台区，平均人口密度为4976人/平方千米；远郊区是人口低密度区，包括房山区、门头沟区、通州区、昌平区、顺义区、大兴县、平谷县、怀柔县、密云县和延庆县，平均人口密度为346人/平方千米。

本书借鉴周一星、袁长丰等学者的观点，将人口密度作为郊区区域划分的主要参考指标，并对各市辖区、县的常住人口密度进行了排序，归纳出了高中和低密度区，并以此划定各市的中心区、近郊和远郊区。具体的划分结果见表4-1。

表4-1　长江经济带10市基于人口密度的地域分区表 [②]

城市	中心区	近郊	远郊
上海市	黄浦区、静安区、普陀区、虹口区、杨浦区、长宁区、徐汇区	嘉定区、宝山区、浦东新区、松江区、闵行区	崇明区、金山区、青浦区、奉贤区
平均人口密度	（25376.3人/km²）	（5062.8人/km²）	（1362.3人/km²）
武汉市	江岸区、江汉区、硚口区、武昌区	东西湖临空区、汉阳区、青山区、洪山区	汉南区、蔡甸区、江夏区、黄陂区、新洲区
平均人口密度	（19697.3人/km²）	（4672.5人/km²）	（511.4/km²）
南京市	玄武区、秦淮区、建邺区、鼓楼区	浦口区、栖霞区、雨花台区、江宁区	六合区、溧水区、高淳区
平均人口密度	（14753.2人/km²）	（1632.2人/km²）	（523.9人/km²）
杭州市	上城区、下城区、拱墅区	西湖区、滨江区、萧山区、余杭区、江干区	富阳区、桐庐县、淳安县、建德市、临安区 [③]
平均人口密度	（13193.3人/km²）	（3656.6人/km²）	（222.4人/km²）

[①] 袁长丰，刘德钦，崔先国，等. 基于人口GIS的北京人口密度空间分布分析［J］.测绘科学，2004，29（4）：40-45.

[②] 表中为各市2015年常住人口密度数据。

[③] 2019年4月，浙江省人民政府批复设立钱塘新区，此次统计不计算在内。

续表

城市	中心区	近郊	远郊
成都市	金牛区、青羊区、成华区、武侯区、锦江区	郫都区、温江区、双流区、龙泉驿区、新都区、青白江区	金堂县、大邑县、蒲江县、新津县、都江堰市、彭州市、邛崃市、崇州市、简阳市
平均人口密度	（10596.8 人/km²）	（1450.9 人/km²）	（584.6 人/km²）
合肥市	瑶海区、庐阳区	蜀山区、包河区	长丰县、肥东县、肥西县、庐江县、巢湖市
平均人口密度	（9796.9 人/km²）	（2269.4 人/km²）	（378.7 人/km²）
昆明市	五华区、盘龙区、西山区	官渡区、呈贡区	东川区、晋宁区、富民县、宜良县、石林县、嵩明县、禄劝县、安宁市、寻甸县④
平均人口密度	（1859.7 人/km²）	（1022.5 人/km²）	（183.3 人/km²）
南昌市	东湖区、西湖区	青云谱区、青山湖区	湾里区、新建区、南昌县、安义县、进贤县
平均人口密度	（11784.9 人/km²）	（6176.7 人/km²）	（371.9 人/km²）
长沙市	芙蓉区、天心区	岳麓区、开福区、雨花区、望城区	长沙县、浏阳市、宁乡市
平均人口密度	（8530.7 人/km²）	（2043.2 人/km²）	（402.7 人/km²）
贵阳市	南明区、云岩区	白云区、观山湖区、花溪区	乌当区、开阳县、息烽县、修文县、清镇市
平均人口密度	（7526.4 人/km²）	（839.7 人/km²）	（268.3 人/km²）

2. 常住人口空间分布演变状况

在本章的第一部分，我们对各个城市的中心区、近郊区和远郊区进行了划分。根据克拉森（Klaassen）等学者提出的"空间循环假说"，"逆城市化"是指城市中心区人口向郊区或乡镇扩散、迁移的过程，这一过程意味着城市中心区人口的绝对减少，城市外围郊区或乡镇人口的相对

---

④ 全称为石林彝族自治县、禄劝彝族苗族自治县、寻甸回族彝族自治县。

增加。① 因此，本节重点考察城市中心区及其外围郊区、乡镇的人口增减状况。本书通过分别考察 10 个城市的城市中心区、近郊和远郊常住人口在 2015—2019 年间的变化情况，反映三个区域常住人口分布的变动趋势。此外，通过进一步考察 10 个城市乡镇 2015—2018 年间的人口变化情况，全面探究人口"逆城市化"现状。

（1）市区常住人口变动情况

图 4-2 展示了 2015—2019 年上海、南京、杭州、合肥、南昌、武汉、长沙、成都、昆明、贵阳城市中心区、近郊和远郊常住人口增长率的变化情况。总体考察了城市中心区、近郊和远郊人口的变化情况，是"逆城市化"的初步筛查。从图中可知：① 南京和上海两市的城市中心区常住人口均呈负增长态势，其中南京城市中心区常住人口的下降比例更为显著，人口减少更为明显。南京市的近郊和远郊区域则呈现出常驻人口的增长态势，而上海市近郊和远郊的常住人口变动整体上呈正向增长趋势，但其涨幅不明显。② 武汉市城市中心区常住人口的增长基本处于停滞状态，但近郊和远郊，特别是远郊区域常住人口增长显著。长沙市中心区在 2015—2016 年、2016—2017 年度常住人口均呈正向增长态势，但 2018 年后转向负增长，近郊和远郊常住人口显著增长。③ 成都市和杭州市中心区常住人口数量总体变化不大，除杭州 2016—2017 年度出现负增长外，其余年份两市的城市中心区常住人口均有小幅上升。两市近郊区常住人口均呈现增长态势，杭州市近郊人口增长更为显著。两市远郊人口大致呈增长态势，但成都市远郊人口增长的绝对量较小，且于 2016—2017 年度出现负增长，杭州市远郊常住人口增幅略高于成都。④ 合肥三个区域常住人口年增长率较为平均，均有不同程度的上涨，且涨幅相近。南昌市中心区除 2015—2016 年度呈现人口增长态势外，其余年份中心区

① Klaassen L, Mglle W, Paelinck J. *Dynamics of urban development* ［M］. Hampshire：Gower Publishing Company Ltd., 1979：27-40.

人口呈负增长,近郊和远郊则呈现出人口上升趋势,且远郊涨幅大于近郊。⑤贵阳和昆明两市中心区人口涨幅不明显,并于2018—2019年度出现人口的负增长。两市近郊和远郊区域均出现了常住人口的绝对增长,且昆明市远郊的人口增长更为显著。

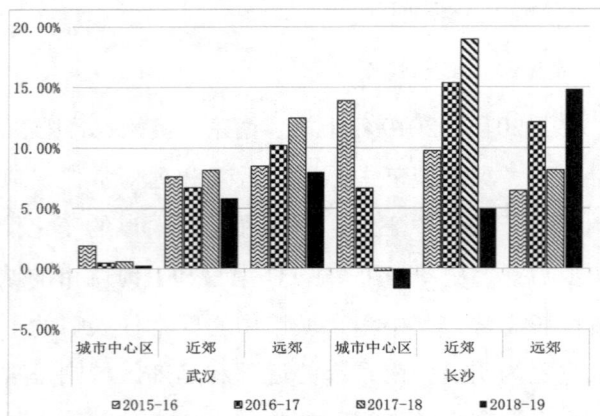

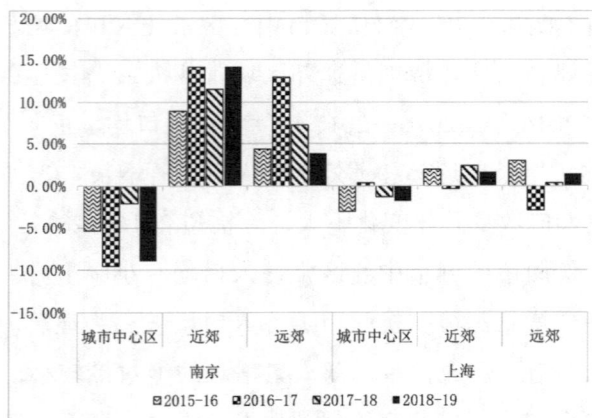

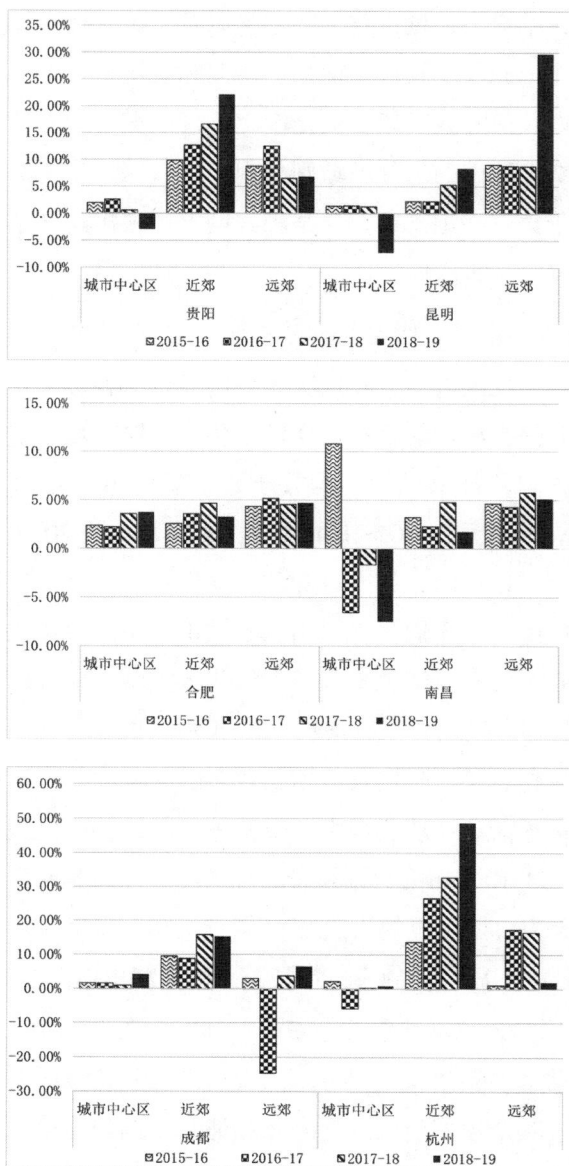

图 4-2　2015—2019 年长江经济带 10 市分区常住人口增长率变动情况①

---

①　上海市 2015 年 10 月，将闸北区与静安区"撤二建一"，设立新的静安区；2015 年闸北区常住人口为 83.71 万人，并入静安区计算。

　　总体而言，结合"逆城市化"的定义以及三区常住人口变动图，可以看出南京、上海、武汉、长沙、南昌、昆明和贵阳这 7 个城市的城市中心区人口出现了增长停滞或负增长的情况，这说明城市中心区出现了人口疏解现象。而这 7 个城市的远郊区域则呈现了人口明显增长的趋势，这表明人们开始倾向于集聚在远郊区，从某种程度上反映出这 7 个城市已经开始出现了"逆城市化"的趋势。

　　（2）市区常住人口空间分布演变趋势

　　为了更直观地反映人口分布情况，我们考察了各市下辖区县的常住人口分布情况，并筛查出可能存在"逆城市化"倾向的城市，即中心区人口减少、远郊区人口增加的城市。本书分块计算了 10 个市每个区每年的常住人口增长量，并使用 ArcGIS10.4 软件，给出 2015—2019 年常住人口增长量四分位图，对各辖区、县人口变动情况进行了可视化呈现。从常住人口增长量四分位图中，我们可以得出以下结论：①上海市、南京市、武汉市和昆明市中心区的人口变化不大，且这些区域的常住人口增加量大多数处于第一分组，即人口基本没有增长。② 上海市的常住人口呈现出由内向外的层级递增变化趋势。早期人口增长较多的区集中在嘉定、宝山和浦东新区，而近年来逐渐向青浦、金山和崇明等地区转移，呈现出由内向外的人口变动趋势。③ 南京市人口增长较为显著的是浦口区和江宁区，另外，六合区和栖霞区人口增加也较为显著。④ 武汉市和昆明市中心区人口均变化不大，外围区有不同程度的人口增长，总体呈现出由内向外的变化趋势。⑤ 南昌市中心区的人口增长逐渐停滞，远郊人口数量逐年上升；贵阳市中心区的人口变动也逐年减少，但近郊的观山湖区和花溪区处于第四分组，人口增长明显，其余远郊地区的乌当区和清镇市则处于第三分组，人口增加也较为明显。⑥ 杭州市和成都市人口的变动仍然主要表现为中心区域人口的显著增长，例如成都的武侯区、锦江区和杭州的拱墅区均处于四分位数的第四分组，人口增长显著。其他外围区域人口也有不同程度的增长，但只是零星出现，未形成连片区。⑦ 合肥市整体上仍然是中心区和近郊的人口增长明显，例如瑶海区、蜀山区和包河区近几年一直处于四分位分组的第三或第四组，人口增长显著。仍以中心增长为主，其余区域零星出现增长，但涨幅并不明显。⑧ 长沙市中心区、近郊和远郊部分区域人口均有不同程度的增长。位于中心的天心区人口增长量由2015—2016年度的第一分组上升为2018—2019年的第四分组，人口上升明显；近郊的岳麓区人口也提升明显；此外，远郊的宁乡市和浏阳市人口增长量也分别上升到了第三和第四分组，人口涨幅显著。

综上所述，常住人口变动的空间分布可以概括为以下三种类型。第一种类型是由内向外的圈层式增长型，其主要特征为人口增长量由城市中心向城市外缘递增，外围远郊人口持续增长，成为人口新的增长极。随着时间的推移，上海、南京、武汉、南昌、昆明、贵阳等城市的常住人口增长量出现内低外高的变动趋势。在这些城市中心区域，人口主要表现出负增长或增长停滞，而远郊部分区域则人口增长显著。这说明人们的迁移偏好已经不再局限于城市中心和近郊地区，远郊成为人口的新增长极。第二种类型是分散增长型，其特点是中心、近郊、远郊区域均出现人口增长的现象。通过人口增长四分位图可看出，成都、杭州、长沙等城市内圈中心区和近郊区、外圈远郊区的人口涨幅均较大，从而形成了内外人口共同增长的趋势。第三种类型是中心集聚增长型，其特点是中心区域仍是人口主要增长极，而外围远郊人口增长缓慢。合肥市人口增长仍然集中在瑶海、包河、蜀山区，而其余远郊区域人口变动仅处于第一或第二分组，人口增长不明显。总的来说，中心区和近郊仍然是人口增长的主要区域，而远郊仅呈现零星增长，涨幅不明显。这进一步佐证了上一节的观点。

（3）乡镇人口变动情况

"逆城市化"不仅涵盖了人口从城市中心向远郊的转移，也包括向乡镇的迁移。因此，本书进一步考察了这10个城市的外围乡镇常住人口的变化情况。用于分析的常住人口数据主要来源于《中国县域统计年鉴（乡镇卷）》，统计年限为 2015—2018 年。由于 2015—2017 年各个乡镇人口的统计口径为常住人口，而 2018 年为户籍人口，因此，我们对 2018 年的户籍人口数据进行了相应的处理，并估算出 2018 年各个乡镇的常住人口数据（具体估算方法前文已提到），并将其带入分析。

本次统计涵盖了 2015—2018 年成都市 206 个镇和 53 个县，贵阳市 45 个镇和 32 个乡，杭州市 74 个镇和 23 个乡，合肥市 63 个镇和 18 个乡，昆明市 43 个镇和 16 个乡，南昌市 52 个镇和 28 个乡，南京市 10 个镇，上海市 101 个镇和 2 个乡，武汉市 1 个镇和 3 个乡，长沙市 68 个镇和 6 个乡的常住人口数据。从各个市下辖乡镇的常住人口增长率（图 4-3）中可以发现，长江经济带这十个省会城市的乡镇人口空间分布可以归纳为以下三种类型：

第一种类型为显著增长型，包括南京市、武汉市、长沙市、南昌市、合肥市。具体来说，南京市在 2015—2016 年度人口整体处于负增长状态，而在 2016—2017 年则出现了转折，除了六合区竹镇镇人口减少以外，其余乡镇的人口均大幅提升。武汉市在 2015—2016 年度和 2016—2017 年度的乡镇人口均为负增长，人口流出明显，但在 2017—2018 年度有所转折，人口大幅增长，乡镇人口显著增加。长沙市在 2015—2016 年度和 2017—2018 年度，乡镇人口均有较大幅度上升，2016—2017 年度涨幅有所下降，雨花区、望城区和宁乡市所辖的乡镇出现人口负增长。合肥市在 2015—2016 年度的人口总体呈现负增长，仅瑶海区、庐阳区、肥西县下辖的乡镇常住人口年增长率为正；2016—2017 年度则基本处于增长停滞状态，人口数量变动不大；2017—2018 年度整体增长率为正，表明乡镇吸引了部分人口长居于此。南昌市在 2015—2016 年度度除湾里区、安义县和进贤县所辖的乡镇人口为负增长外，其他乡镇人口均为正向增长，证明大部分乡镇人口是增加的；2016—2017 年度增长率略有下降，西湖区和青云谱区出现负增长，但其他区域仍然呈现出增长态势，但人口涨幅不大。

　　第二种类型为略微上调型，主要包括上海市、昆明市和贵阳市。上海市在 2015—2016 年度，除金山区和青浦区下辖乡镇人口略微增长外，其余地区基本上呈现人口负增长或零增长；2016—2017 年度，大多数乡镇人口变化不大，增长率徘徊在零左右，而宝山区、松江区、奉贤区下辖乡镇人口有一定程度的下降；2017—2018 年度，情况有所转折，乡镇人口增长率均为正，说明人口由流出转变为流入。昆明市在 2015—2016 年度，人口基本呈现负增长，人口处于流出状态；2016—2017 年度，除东川区、禄劝县下辖乡镇人口有所减少外，其余乡镇人口均有所上升。贵阳市在 2015—2018 年间，整体上呈现波动上涨状态，除云岩区黔灵镇在 2015—2016 年度和 2017—2018 年度人口有大幅提升外，其余人口变化较为平稳，人口略微有所增加。

　　第三种类型为平稳波动型，主要包括成都市和杭州市。成都市在 2015—2016 年度，乡镇人口呈现波动式增长，但增长幅度较小；2016—2017 年间，乡镇人口呈现负增长态势，而在 2017—2018 年度人口有所上升，但增长幅度不大，整体变动比较平稳。杭州市在 2015—2018 年期间，乡镇人口虽然有些波动，但除了西湖区下辖乡镇人口的变动较为显著外，其余乡镇人口波动幅度不大。进一步证实了上海、南京、武汉、南昌、昆明和贵阳市可能存在"逆城市化"趋势。

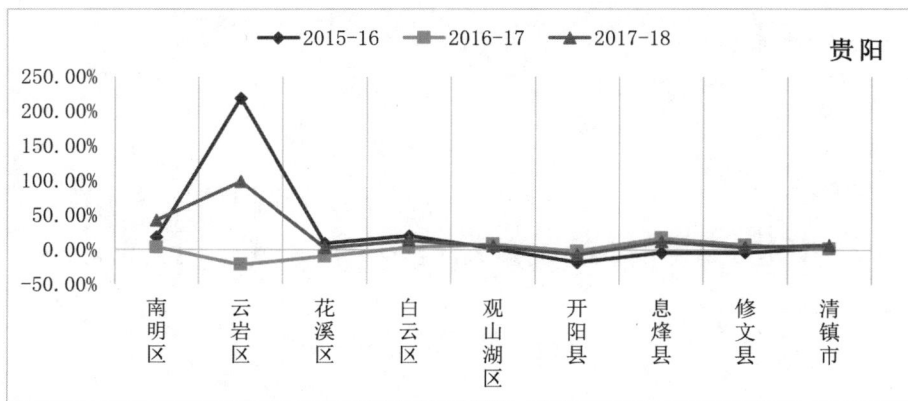

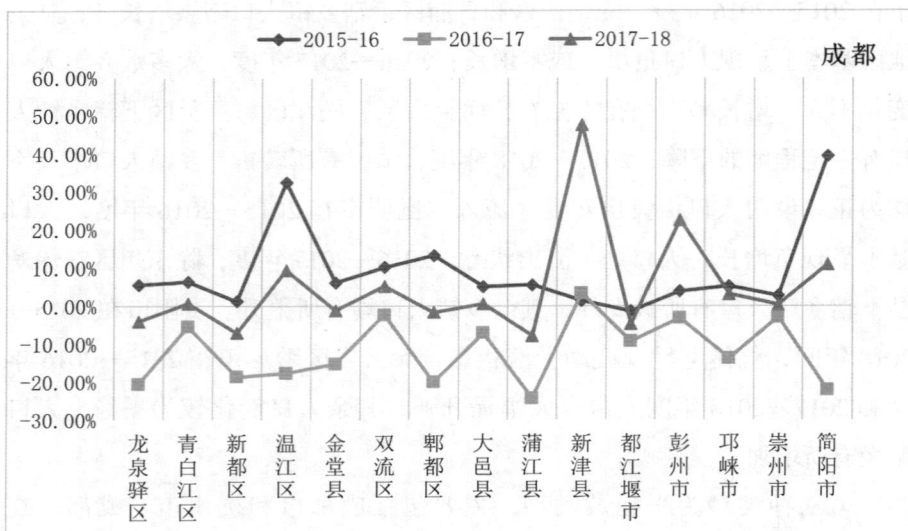

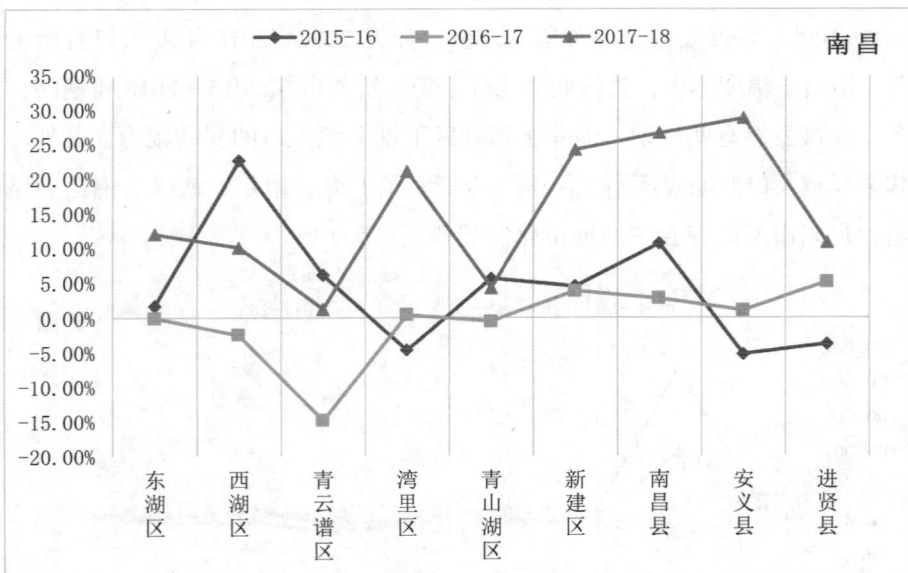

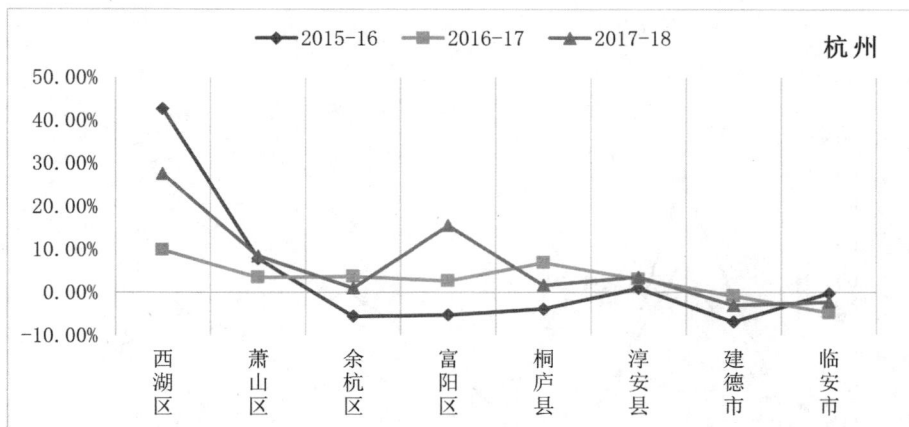

杭州

图例：2015-16　2016-17　2017-18

横轴：西湖区　萧山区　余杭区　富阳区　桐庐县　淳安县　建德市　临安市

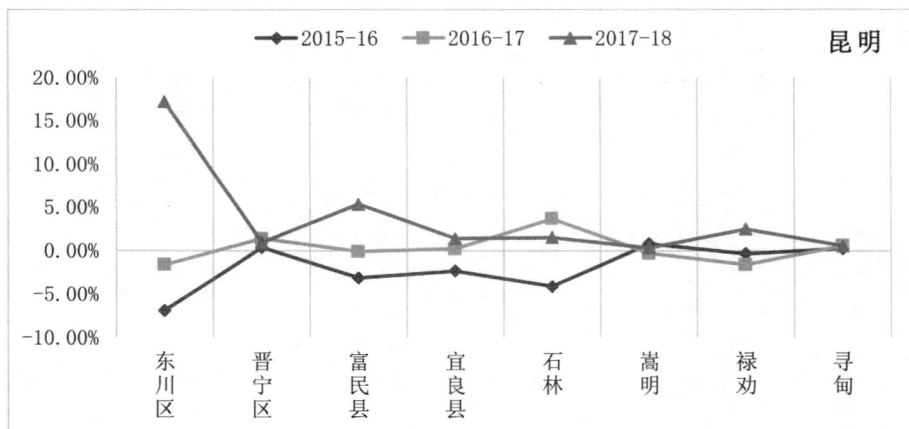

昆明

图例：2015-16　2016-17　2017-18

横轴：东川区　晋宁区　富民县　宜良县　石林　嵩明　禄劝　寻甸

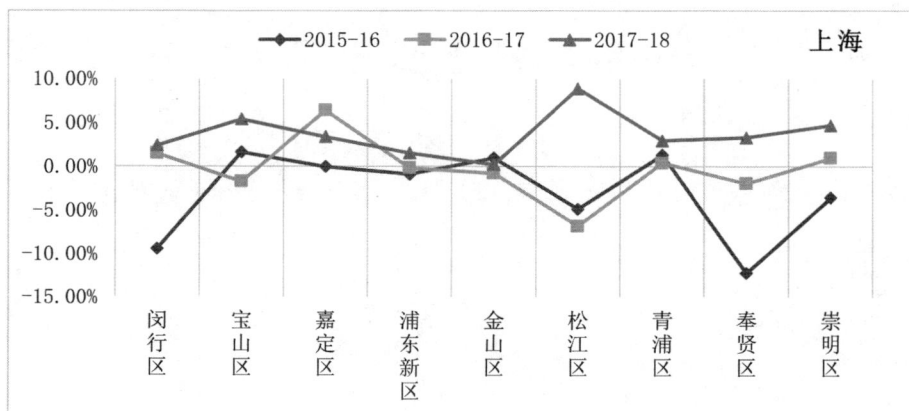

上海

图例：2015-16　2016-17　2017-18

横轴：闵行区　宝山区　嘉定区　浦东新区　金山区　松江区　青浦区　奉贤区　崇明区

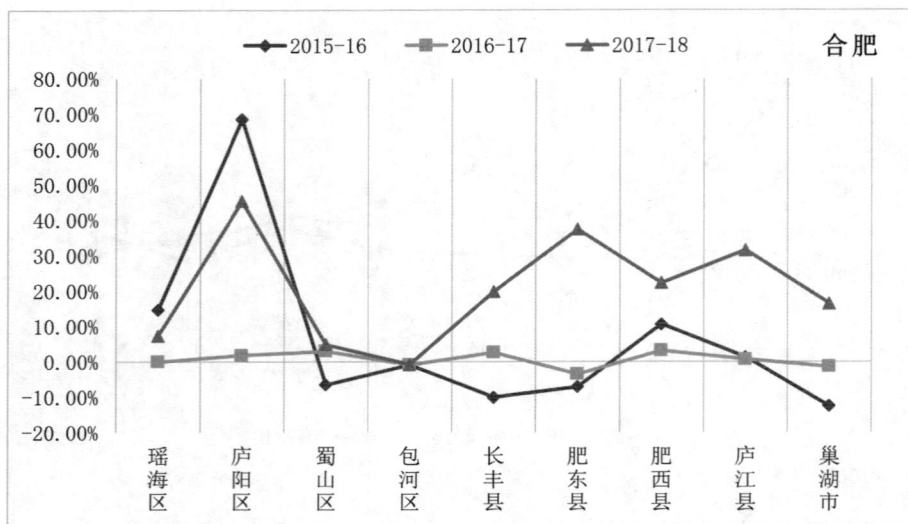

合肥

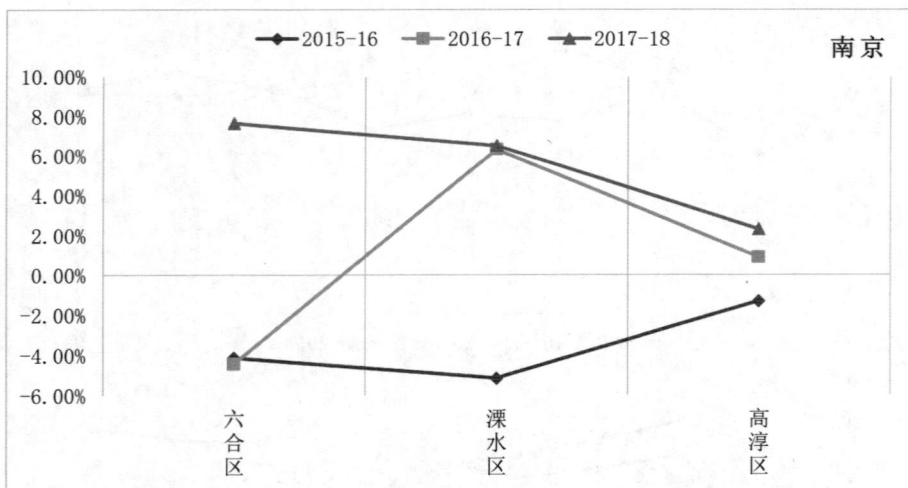

南京

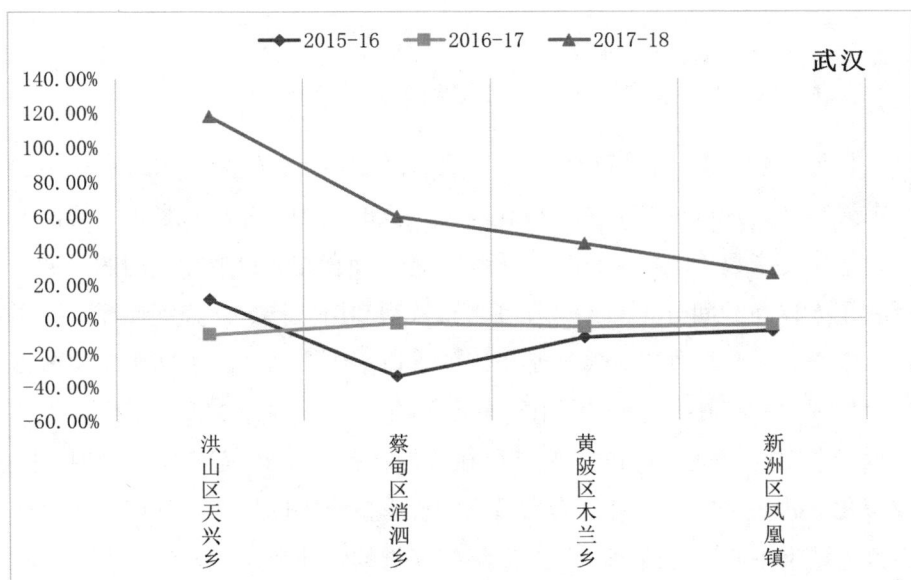

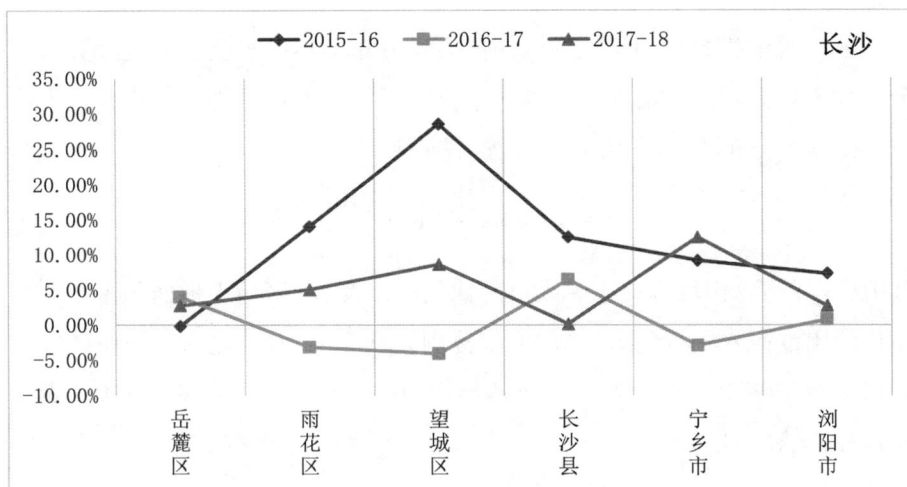

图 4-3　长江经济带 10 市乡镇 2015—2018 年常住人口变动情况

二、总体特征

1. 人口集中度指数（Hoover Index）

根据菲尔丁对 "逆城市化" 的定义， "逆城市化" 是指人口在城市的分散过程，是地区面积与人口变化率成反比时出现的一种现象。[1] 胡佛的人口集中度指数（Hoover Index）考察了地区面积与人口变化之间的关系，反映了人口在空间分布的集中程度。奈特利利用该指数，分别计算了德国都市中心区、都市外围区和非都市区的人口集中度指数，来证明大城市人口分散现象的存在，进而为德国 "逆城市化" 现象的存在提供了强有力的证据。[2] 因此，证明都市区人口存在分散，是验证该城市是否出现 "逆城市化" 现象的重要一环。本书沿用胡佛人口集中度指数，测算了都市核心区（城市中心区 + 近郊）的人口集中度指数，并观察了人口集中与分散的情况。

人口集中指数是用于描述区域内人口分布的集中程度。通过计算人口分布和土地面积之间的匹配程度，来反映区域内人口是集中分布在特定领域还是均匀分布于各区域内。其表达式如下：

$$C=0.5\sum_{i=1}^{n}\left|x_i-y_i\right| \tag{4.2.1}$$

其中，x_i 表示 i 区域人口占总人口的比重；y_i 表示 i 区域土地面积占土地总面积的比重；n 为区域数。C 的取值范围为 0 ~ 1，C 值越大，说明区域的人口分布越集中，表示人口分布越不均匀；C 值越小，越接近于 0，表示人口分布越均匀。

---

① Fielding A J. Counterurbanisation in Western Europe[J]. *Progress in Planning*, 1982, 17: 1–52.

② Kontuly T，Wiard S，Vogelsang R. Counterurbanization in the Federal Republic of Germany [J]. *The Professional Geographer*，1986，38（2）：170–181.

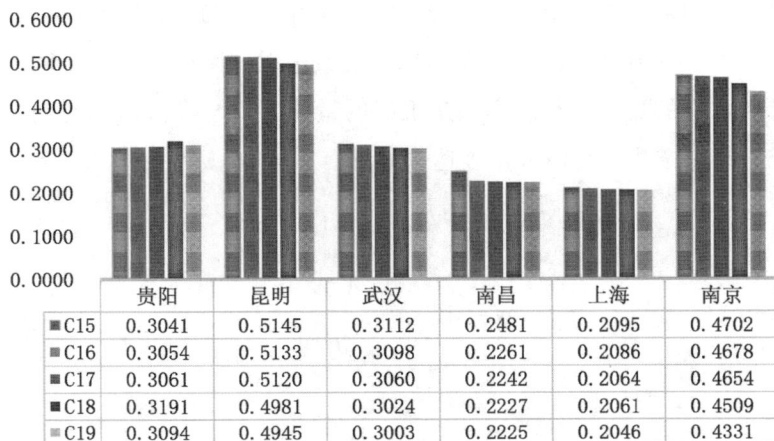

	贵阳	昆明	武汉	南昌	上海	南京
C15	0.3041	0.5145	0.3112	0.2481	0.2095	0.4702
C16	0.3054	0.5133	0.3098	0.2261	0.2086	0.4678
C17	0.3061	0.5120	0.3060	0.2242	0.2064	0.4654
C18	0.3191	0.4981	0.3024	0.2227	0.2061	0.4509
C19	0.3094	0.4945	0.3003	0.2225	0.2046	0.4331

图 4-4　长江经济带 6 市 2015—2019 年人口集中度指数（Hoover Index）

图 4-4 展示了长江经济带 10 个城市的都市区人口集中度指数，其总体特征如下：从 6 个城市人口集中指数变动倾向和幅度来看，集中指数呈下滑趋势的有上海市、南京市、武汉市、南昌市和昆明市，说明这 5 个城市的人口分布态势均向分散转变。从下滑幅度来看，降幅最高的为南京，为 0.0371，降幅最小的为上海，为 0.0049，整体降幅不大。剩下的贵阳市的人口集中度指数则呈现先升后降的趋势，意味着人口经历了先集中后分散的过程。2018 年之前，贵阳市的人口分布相对集中，但 2019 年开始出现分散现象。从 6 个城市的人口集中度指数来看，昆明市和南京市的集中度指数较高，大约在 0.5，说明这两个城市的人口地域分布较为集中，但分布不太均匀。而上海市和南昌市的集中度指数较低，大约在 0.2，说明两个城市的人口分布较为均匀；贵阳市和武汉市的集中指数则在 0.3 至 0.4之间。

2. ROXY 指数

（1）模型解释

ROXY 指数模型认为，通过计算区域人口增长的加权平均与算术平均的比值，可用来描述城市发展过程中空间循环运动的特征以及都市核心区和外围区人口的流动倾向，从而达到测度城市发展阶段，测量空间人口集聚与扩散水平的目的。[1] 该模型是很好的量化人口与经济活动时空分布特性的定量研究方法，具体模型表达式如下：

$$R^t \equiv \left[WAGR^t / SAGR^t - 1.0 \right] \times S_c \qquad (4.2.2)$$

$$WAGR^t = \frac{\sum_{i=1}^{n} w_i r_i^t}{\sum_{i=1}^{n} d_i} \qquad (4.2.3)$$

$$SAGR^t = \frac{\sum_{i=1}^{n} r_i^t}{n} \qquad (4.2.4)$$

$$= \left\{ \frac{\sum_{i=1}^{n} (w_i \times r_i^t)}{\sum_{i=1}^{n} w_i} \times \frac{n}{\sum_{i=1}^{n} r_i^t} - 1.0 \right\} \times S_c \qquad (4.2.5)$$

其中，R^t 为 ROXY 指数在 t 到 $t+1$ 时段的取值，i 为空间单元，n 为区域空间单位数量；$WAGR^t$ 表示人口在 n 个区域内 t 到 $t+1$ 年间指标年增长率的加权平均值；$SAGR^t$ 表示总人口在 n 个区域内 t 年到 $t+1$ 年增长率的算术平均。w_i 为权重因子，r_i^t 为空间单位 i 在 t 到 $t+1$ 年每年的人口增长率，S_c 为比例因子，等于常数 10^4。

（2）样本选取与数据说明

根据 ROXY 指数的定义和表达式，以及前文各市常住人口"逆城市化"的测算结果，最终选取上海、南京、武汉、南昌、昆明、贵阳 6 市为研究区域，并以核心区（城市中心区 + 近郊）和外围区（远郊）人口变化作为观测标准。本书中，空间单元 i 为核心区或腹地。若 i 为核心区时，$i=1$；若 i 为外围区时，$i=2$。空间单元数量 $n=2$。对于权重因子 w_i 的设置，

---

[1] 史雅娟，朱永彬，王发曾. 基于 ROXY 模型的中原城市群空间发展态势研究 [J]. 地域研究与开发，2013，32（2）：62-67.

这里沿用龙彦（Tatsuhiko）[1]及毛新雅[2]提出的赋权建议，将核心区权重设置为 1，即 $w_1=1$，将外围权重设置为 0，即 $w_2=0$，核心区权重大于外围区。在解读 ROXY 指数取值方面，根据第二章所提到的表 2-1：当时 $R^t>0$，人口测度指标的加权平均增长率大于算数平均增长率，说明人口向权重大的区域集聚，即向城市核心区集聚，该区域的人口呈现不断集聚分布的特征；当 $R^t=0$ 时，区域发展较为恒定，无明显人口集散变化特征；当 $R^t<0$ 时，人口测度指标的加权平均增长率小于算术平均增长率，说明权重较大区域的人口增长率小于权重较小的地区，人口向权重较小的外围区分散。

（3）测量结果

从表 4-2 的测度结果表来看，6 个城市 2015—2019 年的 ROXY 值均为负，说明这 6 市的人口均处于扩散状态。根据 ROXY 指数的测算公式，R^t 值为负，说明人口增长率的加权平均值小于算数平均，即权重较大的城市核心区人口增长率小于城市外围区，人口呈现由核心区向远郊流动的趋势或乡镇流动的趋势。这一结果表明这 6 个城市均出现了不同程度的"逆城市化"现象。ΔROXY 则揭示了各个城市人口"逆城市化"空间路径的演变与发展。根据 ΔROXY 的值可判断出，上海市的人口经历了由减速扩散向加速扩散转变的过程；南京市、南昌市、贵阳市的人口经历了由加速扩散向减速扩散的转变；武汉市经历了人口的加速扩散、恒定扩散、减速扩散；昆明市则是由减速扩散向加速扩散转变。因此，从整体上看，人口扩散速度呈上升趋势的城市包括上海市和昆明市，武汉市、南京市、南昌市和贵阳市的人口扩散速度均有所减缓。

———————————

[1]　Tatsuhiko KAWASHIMA，Atsumi FUKATSU，Noriyuki HIRAOKA、*Re-urbanization of Population in the Tokyo Metropolitan Area：ROXY-index/Spatial-cycle Analysis for the Period 1947—2005*［C］. 学习院大学经济论集，2007，44（1）：364-376.

[2]　毛新雅，王红霞. 城市群区域人口城市化的空间路径——基于长三角和京津冀 ROXY 指数方法的分析［J］. 人口与经济，2014（4）：8.

表 4-2　长江经济带 6 个城市 ROXY 指数及 ΔROXY 的测度结果

城市 / 指标		2015—2016	2016—2017	2017—2018	2018—2019
上海	ROXY	−10999.85	−10017.19	−8751.88	−10235.52
	ΔROXY	−982.66	1265.31	−1483.64	—
武汉	ROXY	−8679.44	−8968.61	−8968.46	−8919.15
	ΔROXY	−289.17	0.15	49.31	—
南京	ROXY	−8866.74	−9343.35	−8582.49	−8557.95
	ΔROXY	−476.61	760.86	24.54	—
南昌	ROXY	−3782.92	−10019.42	−8245.89	−120.98
	ΔROXY	−3782.92	1773.53	8124.91	—
昆明	ROXY	−8848.25	−8824.96	−8280.15	−9851.23
	ΔROXY	23.29	544.81	−1571.08	—
贵阳	ROXY	−7700.31	−7800.76	−7099.53	−7050.42
	ΔROXY	−100.45	701.23	49.11	—

三、总体趋势

就目前的研究成果而言，尚无统一的测算人口"逆城市化"趋势的指标体系。单一指标如城镇化率、乡镇常住人口增长率、人口集中度指数、ROXY 指数等并不能完整刻画出"逆城市化"趋势的全貌。因此，本书将建立评估体系，以期更全面地展示长江经济带这 6 个城市的"逆城市化"趋势现状。本节的测算思路如下：首先，构建指标体系，确定二级指标。其次，将二级指标进行标准化。再次，运用熵值法确定每个二级指标的权重。最后，计算出 2015—2019 年 6 个市的"逆城市化"趋势水平。

1. 指标体系构建与数据来源

根据人口维度上"逆城市化"的定义，以及前两节测度的"逆城市化"

相关指标，本书将二级指标设置为城镇化率、城市中心区常住人口增长率、远郊常住人口增长率、乡镇常住人口增长率、人口集中度指数以及ROXY指数6项（表4-3）。其中，城镇化率、城市常住人口数据来自于上海市、武汉市、南京市、南昌市、昆明市、贵阳市2015—2020年统计年鉴、各市区/县统计年鉴以及统计公报。乡镇常住人口数据来源于《中国县域统计年鉴（县市卷）》（2015—2019年）。由于2019年的乡镇人口无法获取，这里用乡村人口增长率代替2019年的乡镇人口增长率。

表4-3　"逆城市化"趋势测度指标体系

一级指标	二级指标	属性
逆城市化趋势	城镇化率	正
	城市中心区常住人口增长率	负
	远郊常住人口增长率	正
	乡镇常住人口增长率	正
	人口集中度指数	负
	ROXY指数	负

2. 测度方法——熵值法

熵值法（Entropy Method）是一种客观赋权法，其是根据各项指标所能提供信息量的大小为依据来确定该指标的权重大小的方法。在信息论中，熵被用来度量不确定程度，指标的熵值越小，表明该指标提供的信息量越大，对评价结果的影响越大，权重也越大；反之，信息熵越大，指标对评价结果的影响越小，指标权重也越小。[①] 具体分析方法如下：

第一，进行指标标准化处理：

---

① 张发明. 综合评价基础方法及应用［M］. 北京：科学出版社，2018：36-37.

$$X_{ij}^* = \begin{cases} \dfrac{X_{ij}-\min(X_{ij})}{\max(X_{ij})-\min(X_{ij})} \\ \dfrac{\max(X_{ij})-X_{ij}}{\max(X_{ij})-\min(X_{ij})} \end{cases} \qquad (4.3.1)$$

其中，i 代表城市，j 代表标准化后的指标值；$\max(X_{ij})$ 为 X_{ij} 的最大值，$\min(X_{ij})$ 为 X_{ij} 的最小值，X_{ij}^* 为标准化后的指标值。

第二，计算特征比重：

计算第 j 项指标下，第 i 个被评价对象，即城市 i 的特征比重。其中，n 为研究对象的样本数，在本节中，$n=6$，分别为上海市、武汉市、南京市、南昌市、昆明市和贵阳市。

$$P_{ij} = X_{ij}^* \Big/ \sum_{i=1}^{n} X_{ij}^* \qquad (4.3.2)$$

第三，计算熵值：

计算第 j 项指标的熵值。其中，$K=1/\ln n$，$e_j > 0$。由于计算熵值需要取对数，指标值不能为 0。因此，参考张琰飞、朱海英[①]的做法，对 0 值的数据进行 0.01 的平移处理。

$$e_j = -k \sum_{i=1}^{n} P_{ij} \ln P_{ij} \qquad (4.3.3)$$

第四，计算差异性系数比：

$$g_j = 1 - e_j \qquad (4.3.4)$$

当 X_{ij}^* 差异越大时，e_j 越小，第 j 项指标对被评价对象的区分作用越大。因此，定义差异系数 $g_j = 1 - e_j$，g_j 越大，说明越需要重视该指标的作用，该指标的权重也越大。

---

① 张琰飞，朱海英. 西南地区文化演艺与旅游流耦合协调度实证研究［J］. 经济地理，2014（7）：182–187.

第五，确定权重系数，其中，m 为指标数：

$$W_j = g_j \Big/ \sum_{j=1}^{m} g_j \quad j = 1,\ 2,\ 3,\ \cdots\cdots,\ m \qquad （4.3.5）$$

第六，计算综合评价得分：

$$S_i = \sum_{i=1}^{m} W_j X_{ij}^{*} \qquad （4.3.6）$$

其中，S_i 代表综合测评得分，m 为指标数，W_j 为第 j 项指标的权重，S 值越大，综合测评得分越高，说明该城市的"逆城市化"趋势越显著，反之则"逆城市化"趋势较不明显。

3. 测度结果

通过运用熵值法计算各指标对应的权重系数（表 4-4），可以得出 2015—2019 年，上海市、武汉市、南京市、南昌市、昆明市和贵阳市的人口"逆城市化"趋势（图 4-5）。

表 4-4　人口"逆城市化"趋势测度指标权重

一级指标	二级指标	权重
逆城市化趋势	城镇化率	0.292
	城市中心区常住人口增长率	0.233
	远郊常住人口增长率	0.044
	乡镇常住人口增长率	0.123
	人口集中度指数	0.218
	ROXY 指数	0.141

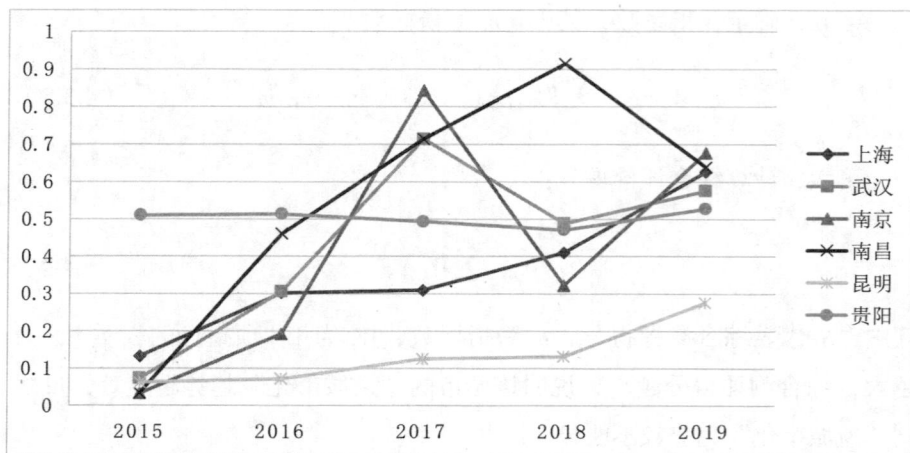

图 4-5　长江经济带 6 市人口"逆城市化"趋势动态变化图（2015—2019 年）

通过综合测度结果可知（图 4-5），总体而言，以 2015 年为基期，上海市、武汉市、南京市、南昌市、昆明市和贵阳市等 6 个城市的人口"逆城市化"均呈现不同程度的增长趋势，即使部分市出现过下降现象，但在多数年份中其"逆城市化"程度均呈增长态势。具体而言，"逆城市化"呈现稳步增长趋势的主要包括上海市及昆明市，上海市"逆城市化"综合评测值由 0.1324 增长到 0.6212，年均涨幅为 0.1234，而昆明市从 0.0734 增长到 0.2750，年均涨幅为 0.0531。虽然涨幅较小，但增长情况稳定，"逆城市化"一直处于上升趋势。贵阳市的"逆城市化"综合评测值整体变化不大，除 2018 年较上年略微下降 0.0199 外，其余年份变动不大，说明该市"逆城市化"趋势一直存在且趋势稳定。"逆城市化"综合评测值呈现先上升后下降趋势的包括武汉市、南京市及南昌市。武汉市及南京市在 2015—2017 年，"逆城市化"趋势呈提升态势，而在 2018 年，这两个城市的"逆城市化"评测值均有所下降。但在 2019 年，评测值又有所回升，这表明这两个城市的"逆城市化"趋势仍在不断发展。南昌市在 2015—2018 年期间，"逆城市化"评测值显著增长，这说明该时段内，南昌市出现了明显的人口逆向流动趋势。虽然 2019 年的评测值略微下降，但仍高于基准期（2015 年），说明南昌市的"逆城市化"趋势仍然显著存在。

四、本章小结

本章对长江经济带主要城市是否出现"逆城市化"及其发展趋势进行了判定和测度。首先，采用逐步剔除法，通过考察长江经济带 11 个城市常住人口的城镇化率、中心区及外围区（远郊 + 乡镇）的增长状况、空间分布状况、人口集中度指数和 ROXY 指数等，最终判定出上海、南京、武汉、南昌、昆明和贵阳等 6 市出现了"逆城市化"现象。其次，依据本书界定的"逆城市化"概念内涵及判定指标，构建了"逆城市化"测度指标体系，并运用熵值法计算各指标的权重，从而综合测评了这 6 个城市的人口"逆城市化"趋势。计算结果表明，2015—2019 年期间，上海市、武汉市、南京市、南昌市、昆明市和贵阳市等 6 个城市的人口"逆城市化"均呈不同程度的增长趋势，尽管部分市出现下降现象，但在多数年份中，"逆城市化"程度都呈现上升态势。这就说明，我们有必要关注这种人口迁移的新趋势，有必要进一步探究产生这一现象、趋势的动因和机理。

第五章　人口"逆城市化"的
外部驱动因素分析

第五章和第六章将分别从宏观层面和微观层面对人口"逆城市化"的影响因素进行分析。第五章主要从宏观层面出发，分析经济因素和公共服务因素对"逆城市化"的影响。第六章将考虑群体异质性，考虑不同群体"逆城市化"动机和形成机理的不同，从微观个体福利因素和家庭因素来具体分析农业人口进行"逆城市化"选择的动因。力争既考虑到从宏观层面考察劳动力流动规律，又基于劳动力流动的异质性从微观层面对劳动力流动规律进行考察。①

一、宏观经济因素与"逆城市化"

"逆城市化"的本质是人口的反向迁移与流动。关于人口迁移与流动的理论研究由来已久，学者们从不同视角构建和发展了相关理论和模型，理论体系的丰富性和系统性很强。一般而言，单一的理论或模型很难完全

---

① 武优勐．公共服务集聚对劳动力流动的影响［J］．财经科学，2020，387（6）：126-138.

解释人们复杂的迁移流动现象及背后隐匿的迁移动因。因此，需要从多重理论和视角出发，综合分析人们逆向迁移流动的复杂动机。本节着重于分析影响人们"逆城市化"迁移的外部经济因素，主要从"刘－拉－费"的二元经济理论、托达罗模型和配第－克拉克的产业结构等三个理论出发，构建人口"逆城市化"迁移决策模型，分析外部经济因素：城乡收入差距、城市产业结构的转型升级、农村经济发展水平和迁移成本等对人口逆向迁移流动的影响。

1. 理论假说

（1）理论基础

在本书的理论基础部分中提及，刘易斯（W.A.Lewis）的二元经济理论认为，在劳动力无限供给的前提下，现代工业部门和传统农业部门巨大的工资差距是诱使劳动力源源不断由乡到城迁移的最主要动力。拉尼斯（Ranis）和费景汉（Fei）在此基础上对该理论进行了修正，认为农业生产率的提高和农业技术的进步所带来的剩余产品是劳动力向城市转移的基础条件之一，并形成了"刘－拉－费"二元经济模型。

托达罗在此基础上对"刘－拉－费"模型进行了修正，并提出了预期收入理论，将人口迁移与失业率结合起来考虑，最终形成了托达罗模型。该模型指出，劳动力迁移的动力是预期收入，其对城乡预期收入差距的估计越大，其迁移到城市的概率就越高。此外，迁移成本越低，劳动力迁移到城市的可能性就越大。托达罗模型的结构如下所示：

$$M = f[d(t)] \tag{5.1.1}$$

$$d(t) = w(t) \times \pi(t) - r(t) \tag{5.1.2}$$

其中，$d(t)$ 为 t 期的城乡收入差距，M 表示由农村迁移到城市的人口数，$f'[d(t)] > 0$ 即人口流动是预期收入差距的增函数。$w(t)$ 为 t 期城市实际工资水平，$\pi(t)$ 为 t 期城市就业概率，$r(t)$ 为 t 期农民实际收入。

托达罗认为，在任一时期 t，迁移者能否在城市找到工作取决于两个因素：城市就业机会以及城市失业人数，即：

$$\pi(t) = \gamma N(t) / S(t) - N(t) \qquad (5.1.3)$$

其中，γ 为现代部门的工作岗位创造率，$S(t)$ 为 t 期的城市总劳动力规模，$N(t)$ 为 t 期现代部门的就业人数。托达罗进一步认为，现代部门的工作岗位创造率 γ 是工业产出增长率 λ 与现代部门劳动生产增长率 ρ 之差，即：

$$\gamma = \lambda - \rho \qquad (5.1.4)$$

但是，人口流动是一个长期行为，为更贴近现实，设 $V_{(0)}$ 为迁移期内城乡收入差距的净贴现值，$Y_u(t)$，$Y_r(t)$ 为 t 期城市、农村的实际工资率，n 为计划时期数，r 为贴现率，$P(t)$ 为 t 期在现代部门获得工作的概率，C 为迁移成本。当 $V_{(0)} > 0$，则流入城市；当 $V_{(0)} < 0$，则不流动，甚至从城市流向农村。

$$V_{(0)} = \int_0^t \left[P(t) Y_u(t) - Y_r(t) \right] e^{-rt} dt - C(0) \qquad (5.1.5)$$

由托达罗模型可得出以下假说：①劳动力对城乡预期收入差距的估计越大，其迁至城市的概率就越高；②城市就业机会越多，劳动力向城市迁移的意愿就越大；③迁移成本越低，迁移的可能性就越大。

此外，根据配第－克拉克理论，随着经济的发展以及国民人均收入水平的提高，劳动力的迁移与产业结构的转移息息相关，劳动力会首先由第一产业向第二产业转移，然后再向第三产业转移。[①]

（2）模型构建

基于以上理论假说，外部经济因素成为影响人口迁移的重要动因。人口的“逆城市化”实质上是人口迁移决策的转变，即城市向远郊和乡镇的逆向迁移流动行为。本书基于上述理论建立了人口“逆城市化”迁移模型。

---

① Colin Clark. *The conditions of economic progress* [M]. Macmilan and Co., limited, 1940: 182-183.

第一，以"刘－拉－费"的二元经济模型为依据，本书认为人口的逆向迁移流动首先是一种收入最大化的权衡。城乡收入差距的逐渐缩小以及农村经济的发展是拉动人口逆向迁移的动因。据此，建立起基本人口"逆城市化"迁移模型 I：

$$C=f\left(I_u-I_r,\ E_r,\ \epsilon\right)\qquad(5.1.6)$$

在公式 5.1.6 中，C 代表人口逆向迁移决策，f 代表迁移函数，I_u 代表为城市人均收入水平，I_r 代表农村人均收入水平，E_r 代表农村经济发展水平，ϵ 代表影响人口逆向迁移的其他因素。

第二，根据托达罗模型以及配第－克拉克理论，城市产业结构的不断升级和劳动密集型产业的向外迁移都是推动劳动力向外逆向迁移的重要动因。此外，迁移成本特别是交通成本的降低，可显著降低农业劳动力回迁成本、非农人口由城市前往乡镇的长期成本及钟摆式迁移成本，促进了"逆城市化"迁移。据此，将迁移成本以及城市产业结构的转型升级加入其中，得到模型 II：

$$C=f\left(I_u-I_r,\ E_r,\ M_c,\ S,\ \epsilon\right)\qquad(5.1.7)$$

在公式 5.1.7 中，新加入因素 M_c 为人口迁移成本，包括交通成本以及逆向迁移后的就业成本；S 为城市产业的转型升级，而 ϵ 仍为模型中未包括的其他影响人口逆向迁移决策的因素。

2. 实证分析

本节基于上一部分构建的人口"逆城市化"迁移模型，首先选取衡量各个因素的具体指标，建立指标体系，并对具体指标变量进行解释。其次，描述数据来源，并对具体变量进行预处理。最后，重点是计算 2015—2019 年影响人口"逆城市化"的宏观经济影响因素，采取的是路

雅文 ① 的方法，运用普通最小二乘法（OLS）进行参数估计，以解答哪些因素是促使长江经济带六市人口选择逆向迁移的主要原因。

（1）指标选取、数据来源与处理

①本节对于指标的选取如下：

城乡收入差距。对于城乡收入差距指标的选取，学术界并无统一标准。孙永强、巫和懋运用泰尔指数衡量城乡收入差距。② 路雅文采用城镇居民人均总收入与农村居民人均纯收入之差衡量。为了消除通货膨胀因素，以基期消费价格指数为基准，得到城市居民价格平减总收入和农村居民价格平减纯收入，从而获得城乡居民收入差距值。③ 向书坚、许芳以及陈海龙、陈小坤运用城镇居民人均可支配收入与农村居民人均纯收入的比值来衡量城乡收入差距，这一比值越大，说明城乡收入差距也越大。④ 鉴于我国从2016 年起不再推算并发布农村居民纯收入数据，考虑到数据的可获取性，本书的城乡收入差距也通过城镇居民人均可支配收入与农村居民人均可支配收入的比值来衡量。

农村经济发展水平。农村经济发展水平主要考察乡镇企业的增长情况，通过规模以上工业企业单位数来衡量。迁移成本主要考虑交通的便捷程度，交通越便捷，农业劳动力回流的成本就越低，非农人口城 – 乡镇钟摆式迁移的便利性及时间成本就越低，"逆城市化"迁移的动机就越强。因此，

① 路雅文. 中国乡 – 城人口迁移的驱动机理研究［D］. 北京：中国农业大学，2019：90-93.

② 孙永强，巫和懋. 出口结构、城市化与城乡居民收入差距［J］. 世界经济，2012（9）：105-120.

③ 路雅文. 中国乡 – 城人口迁移的驱动机理研究［D］. 北京：中国农业大学，2019：86-88.

④ 向书坚，许芳. 中国的城镇化和城乡收入差距［J］. 统计研究，2016，33（4）：64-70；陈海龙，陈小昆. 跨省份人口城镇化迁移与城乡收入差距：理论假说与实证检验［J］. 云南财经大学学报，2020，218（6）：31-43.

用旅客运输量来衡量迁移成本更为合适，旅客运输量是反映交通及运输发展规模及发展速度的指标，运送量越大，表明该地区交通发展越好，交通的便捷程度就越高，迁移成本也越低。城市产业结构升级的衡量可参考杨胜利、王伟荣的做法，采用第三产业产值与第二产业产值之比来衡量。[①]

被解释变量：人口"逆城市化"迁移决策反映了人口的"逆城市化"倾向，是人口由城市中心区向远郊、县、乡镇、农村迁移的决策过程。由第四章的人口"逆城市化"综合测评结果进行估计。

表5-1显示了具体的指标体系及衡量标准：

表5-1　人口"逆城市化"迁移的经济动机指标体系

一级指标	二级指标	符号
城乡收入差距	城镇居民人均可支配收入/农村居民人均可支配收入（%）	URG
农村经济发展水平	乡镇规模以上工业企业单位数（个）	TEN
迁移成本	旅客运输量（万人次）	TC
城市产业结构升级	第三产业产值/第二产业产值（%）	UIS

②本节数据来源与处理如下：

根据前文对"逆城市化"的定义以及对6个城市"逆城市化"趋势的测算，本书将第四章人口"逆城市化"趋势的综合评价结果作为被解释变量——人口"逆城市化"的衡量指标。对于解释变量，其中大部分数据来源于上海、武汉、南京、南昌、昆明、贵阳各市2016—2019年的统计年鉴、统计公报、所在省统计年鉴；部分数据例如乡镇规模以上工业企业单位数数据来源于《中国县域统计年鉴》。为了降低数据的异方差，本书对解释变量及被解释变量进行了取对数处理。

[①]　杨胜利，王伟荣. 产业结构升级、教育与流动人口收入——基于2016年全国流动人口动态监测数据的分析［J］. 云南财经大学学报，2019（12）：14.

（2）模型估计与结论

运用 stata 13.0 软件对影响因素进行分析，表 5-2 报告了人口逆向迁移的经济类影响因素。从模型 I 的分析结果来看，城乡收入差距对人口"逆城市化"迁移决策影响显著，说明收入因素仍是人口迁移的重要动机。城乡收入差距越大，人口"逆城市化"迁移意愿越小，人们仍会选择以收入最大化为主要目标的正向迁移，即"乡－城迁移"或由中小城市向超大、特大城市的迁移。城乡收入差距越小，人口的"逆城市化"意愿就越强，说明在城乡收入差距相对较小时，人们会进行理性比较，选择"性价比"较高的迁移方式。其次，在农村经济发展水平方面，乡镇规模以上工业企业单位数与人口"逆城市化"显著正相关，这说明乡镇工业企业在吸引劳动力方面发挥了一定作用。

表 5-2　人口"逆城市化"迁移决策影响因素回归分析结果

解释变量	被解释变量：lnY		
	模型 I	模型 II	模型 III
城乡收入差距（URG）	-2.3237*	-0.8329	
乡镇规模以上工业企业单位数（TEN）	0.2185*	-0.3197	0.5191***
迁移成本（TC）		-0.3997	-1.2085***
城市产业结构升级（UIS）		1.4961	2.2504**
常数项（C）	5.1999**	11.5578	19.0607***
Adj R-squared	0.4936	0.5127	0.5255

注：***$p < 1\%$；**$p < 5\%$；*$p < 10\%$。

从模型 II 中可以看出，加入迁移成本及城市产业结构升级这两个因素后，基本影响因素均不显著，可能存在多重共线性问题。因此，研究进行了方差膨胀因子（VIF）检验，结果表明所有 VIF 值均大于 10，支持存在多重共线性。考虑到本研究对具体变量的回归系数有所关注，需对模型的多重共线性进行处理。模型 III 就是通过逐步回归（Stepwise Regression）

方式，剔除在95%显著性水平下不显著的变量，最后得到模型III的回归结果。分析结果显示，剔除城乡收入差距这个不显著的变量后，剩余的迁移成本变量与人口"逆城市化"决策显著负相关，表明迁移成本越高，人口选择"逆城市化"的倾向越低，在原地居留的可能性就越大。这表明交通便利性是促进人口循环迁移、钟摆式迁移、城－乡式迁移的重要推动力。此外，城市产业结构升级与人口"逆城市化"决策显著正相关，说明城市产业结构越升级，人们的"逆城市化"倾向越强。这可能是因为产业结构升级具有分流作用，低附加值企业、劳动密集型产业向外转移时，劳动力也向外迁移，而高附加值的企业会吸引更高水平的劳动力，这部分人占总人口的少数，因此整体的人口迁移表现出多数劳动力的逆向迁移特征。

二、公共服务供给水平与"逆城市化"

在上一节分析了外部经济因素对人口"逆城市化"的影响之后，本节将继续探讨人口"逆城市化"的驱动因素。本节旨在回答以下问题：公共服务是否为人口逆向迁移的重要考量因素？首先，本节从蒂布特假说的角度出发，阐述公共服务对人口"逆城市化"迁移选择的影响机制；其次，将蒂布特假说和亨特（Hunt）、穆勒（Mueller）提出的移民模型相结合，构建公共服务对人口"逆城市化"影响的理论模型；再次，根据理论构建相应的实证模型，并对变量的选取进行解释；最后，对公共服务对"逆城市化"的影响进行实证分析。不仅人口乡－城迁移决策是流入地与流出地间比较选择的过程，人口的逆向迁移决策也同样是一个比较选择的过程。

1. 公共服务供给水平对人口"逆城市化"的影响机制研究

根据蒂布特假说，每个居民都有自己对于公共服务供给的偏好组合。当居民所在地A无法很好地满足或无法有效率地满足居民的服务偏好时，他们就会选择迁移。在能够完全获取迁出及迁入地公共服务信息的前提下，居民通过比较会选择能够使其效用最大化的地区进行迁移。人口"逆城市化"的蒂布特解释是，居民由无法满足自身公共服务需求的 A 城市迁往更能契合其服务需求的远郊、中小城市、乡镇等地。结合我国国情，居民进行"逆城市"蒂布特选择的路径主要有两条。一是由于我国人口向超大、特大城市例如北上广深的聚集，使这些城市的社会保障及公共服务压力增大，居民无法获得与自身需求相契合的公共服务及社会保障，从而进行"逆城市化"迁移。二是由于户籍制度的存在，公共服务似乎具有了一定的"排他性"，即公民权利具有了属地特征，获取教育服务、医疗服务、社会保障等公共服务的权利是以户籍身份为凭证的。[①] 因此，外地流入人员会因为所在地供给的公共服务无法满足自身需求而选择返回流出地或继续流动。

国内在探讨公共服务与人口流动关系的蒂布特假说时，主要侧重于城市层面，即人口在城市间迁移流动以实现服务效用最大化。[②] 但是，将该假说与人口逆向迁移流动（城－乡镇；城市中心－远郊）联系起来的研究却很少，仅有方大春、杨义武将该假说与城乡人口迁移关联起来进行考察。[③] 对于公共服务的各个领域，方大春、杨义武认为，城市医疗卫生服务水平以及公共文化服务水平的提升能够促进农民的乡城迁移。夏怡然、陆铭则认为劳动力的流向选择与地区的教育、医疗等公共服务有关。[④] 杨义武等

---

①　蔡禾，王进. "农民工"永久迁移意愿研究［J］. 北京：社会学研究，2007（6）：86–113.

②　夏怡然，陆铭. 城市间的"孟母三迁"——公共服务影响劳动力流向的经验研究［J］. 管理世界，2015（10）：78–90；刘乃全，宇畅，赵海涛. 流动人口城市公共服务获取与居留意愿——基于长三角地区的实证分析［J］. 经济与管理评论，2017（6）：112–121；刘金凤，魏后凯. 城市公共服务对流动人口永久迁移意愿的影响［J］. 经济管理，2019，41（11）：22–9.

③　方大春、杨义武. 城市公共品供给对城乡人口迁移的影响——基于动态面板模型的实证分析［J］. 财经科学，2013（8）：10.

④　夏怡然，陆铭. 城市间的"孟母三迁"——公共服务影响劳动力流向的经验研究［J］. 管理世界，2015（10）：78–90.

将地区公共品分解为基础设施及社会福利两类，并发现基础设施对人口迁入有显著的正向影响，但社会福利的供给则需要达到一定程度才能够产生积极的外来人口吸纳效应。[①] 总之，基础设施及公共服务，特别是教育、医疗卫生、基础设施、社会保障等公共服务是人口迁移时的重要考量因素。

基础设施和公共服务对人口"逆城市化"的影响机制可以归纳为：中小城市、远郊、乡镇公共服务供给水平的提高能够在一定程度上改善居民的效用水平，对外来人口迁入形成正向影响。

2. 理论模型

关于人口的"逆城市化"倾向，本书参照亨特及穆勒[②]关于移民模型的设定，借鉴刘乃全等[③]对该模型的转换，并将其与蒂布特"用脚投票"假说相结合，令个体 i 在地区 j 定居的间接效用函数表示为：

$$C_{ij}=C\left(p_{ij},\ \partial_{ij}\right) \tag{5.2.1}$$

其中，p_{ij} 代表个体 i 在地区 j 获得的公共服务水平，∂_{ij} 代表其他影响个体 i 在地区定居的因素，可能包括个体因素、家庭因素、户籍因素、地区发展水平因素等。

假设个体 i 选择了能够使其剩余工作年限内间接效用最大化的 j 地区，那么，个体 i 在地区 j 定居直到退休的间接效用函数就可表示为：

$$LC_{ij}=\int_{0}^{T}C_{ij}\left(\cdot\right)\mathrm{e}^{-\rho\tau}d\tau \tag{5.2.2}$$

其中，$T=T^{*}-y_{i}$，T^{*} 代表固定退休年龄，y_{i} 代表个体 i 的实际年龄，T 代表

---

① 杨义武，林万龙，张莉琴. 地方公共品供给与人口迁移——来自地级及以上城市的经验证据［J］. 中国人口科学，2017（2）：93–103.

② Hunt G L，Mueller R E. North American Migration：Returns to Skill，Border Effects，and Mobility Costs［J］. *Review of Economics and Statistics*，2004.

③ 刘乃全，宇畅，赵海涛. 流动人口城市公共服务获取与居留意愿 ——基于长三角地区的实证分析［J］. 经济与管理评论，2017（6）：112–121.

个体 i 在定居 j 后能够工作的时限。$e^{-\rho\tau}$ 表示折现因子，ρ 代表折现率，τ 代表持续时间。

假设个人对间接效用函数中相关参数的期望值在剩余时间内保持在 $\tau=0$，且效用函数的结构及折现率 ρ 保持不变，则效用函数 5.2.2 可表示为：

$$LC_{ij}=\frac{1}{\rho}C_{ij}(\cdot)\{1-exp[-\rho(T^{*}-y_{i})]\} \tag{5.2.3}$$

因此，个体 i 在地区 j 定居后的间接效应可表示为：

$$LC_{ij}=LC(\rho,\ y_{i},\ p_{ij},\ \partial_{ij}) \tag{5.2.4}$$

设定 $j=0$ 为个体所在的初始位置，那么个体在初始位置或其他非 j 地区定居的间接效用函数可以表示为：

$$C_{i0}=C(p_{i0},\ \partial_{i0}) \tag{5.2.5}$$

那么，相应的，个体 i 在非 j 地区定居直到退休的间接效用函数可以表示为：

$$LC_{i0}=LC(\rho,\ y_{i},\ p_{i0},\ \partial_{i0}) \tag{5.2.6}$$

在随机设置中，个体 i 选择在区域 j 定居的过程可表示为：

$$p_{ij}=Prob[(LC_{ij}+\varepsilon_{ij})\geqslant(LC_{i0}+\varepsilon_{i0})],\ j\neq 0 \tag{5.2.7}$$

其中，ε_{ij}、ε_{i0} 均为随机扰动项，基于需要可以假设其服从相应随机分布：正态分布、逻辑分布等。[①]

据此，个体 i 选择在区域 j 定居的概率就依赖于变量集：

$$V=f(y_{i},\ p_{ij},\ p_{i0},\ \partial_{ij},\ \partial_{i0}) \tag{5.2.8}$$

这表明，个体 i 是否选择地区 j 定居取决于公共服务的供给水平、个体年龄以及其他因素，如家庭因素、户籍因素、地区发展水平等。

---

① 刘乃全，宇畅，赵海涛. 流动人口城市公共服务获取与居留意愿——基于长三角地区的实证分析［J］. 经济与管理评论，2017（6）：112-121.

3. 实证分析

（1）实证模型构建与方法选取

基于上述理论模型，人们选择是否定居于 j 地主要取决于该地区的公共服务供给水平。同样地，人们进行逆向迁移的决策也应主要取决于所迁入县、乡镇的公共服务供给水平。因此，本节以上海、武汉、南京、南昌、昆明、贵阳下辖县、乡镇的公共服务供给水平为主要解释变量，构建计量模型。此外，根据刘–拉–费及托达罗模型，城乡收入差距将显著影响人口的迁移选择，因此将城乡收入差距作为控制变量纳入模型中。基本静态模型如下：

$$CU_{it}=\alpha +\beta P_{it}+\gamma X_{it}+\eta_i+\mu_{it} \qquad （5.2.9）$$

其中，i 表示城市，i=1，2，3，4，5，6；t 表示时间，CU_{it} 表示第 i 个城市第 t 年人口由城市向外围县、乡镇迁移的趋势；P_{it} 表示第 i 个城市第 t 年县、乡镇公共服务的供给水平；X_{it} 表示一组控制变量，借鉴以往研究，主要包括城乡收入差距、城市区位虚拟变量、时间虚拟变量；η_i 表示不可观测的随机变量；μ_{it} 表示随机扰动项。

首先，假设不存在个体效应，采用混合 OLS 模型对面板数据进行回归。然而，这样可能会使模型估计有偏差，因为被纳入误差项中的遗漏变量可能与其他解释变量有关，从而产生内生性问题。为了解决遗漏变量带来的内生性问题，本文进一步选择个体固定效应模型对面板数据进行回归。

（2）指标选取、数据来源及解释

本节的数据采用 2015—2018 年上海、武汉、南京、南昌、昆明和贵阳 6 个城市年的县、乡镇数据。其中，本书的被解释变量为人口"逆城市化"倾向，即人口向远郊、中小城市及乡镇、农村迁移的倾向。考虑到前文的分析和数据的可获取性，我们将"逆城市化"限定为人口从城市向附近县、乡镇迁移。因此，本书的被解释变量人口"逆城市化"沿用第四章人口"逆城市化"综合测评结果来衡量。控制变量的设置依据前人经验，将城乡收入差距、所在地区的区位虚拟变量、时间虚拟变量纳入其中。需要说明的是，时间虚拟变量以2017年为界，主要是因为2017年1月，国务院印发了《"十三五"推进基本公共服务均等化规划》，十九大报告中也提出了乡村振兴战略，这些政策可能会对人口的迁移选择产生一定的影响，因此，将时间虚拟变量纳入到控制变量中进行考察。此外，虽然6个城市都位于长江经济带，但长江经济带是一个带状区域，横跨东、中、西部，发展水平存在差异，因此也将地区虚拟变量纳入控制变量。

　　鉴于数据的可得性和代表性，本书将解释变量——公共服务供给分为基础设施建设及公共服务。解释变量基础设施建设侧重于衡量现代基础设施如农村通信基站的搭建情况及交通情况，具体通过通宽带村数和邮政农村投递路线这两个变量来衡量。解释变量教育资源由普通中学在校学生数及小学在校学生数衡量；医疗卫生由医疗卫生机构床位数来衡量。解释变量社会保障水平则由各种社会福利收养性单位数及床位数来衡量。需要说明的是，社会福利收养性单位包括革命伤残军人休养院、复退军人慢性病疗养院、复退军人精神病院、光荣院、社会福利院、儿童福利院、敬老院、养老院、老年公寓、精神病福利院等收养性的社会福利事业单位。具体的变量选择见表5-3。

表5-3　县、乡镇基础设施及公共服务变量列表

变量类别	变量名称	变量影响
教育资源	普通中学在校学生数（人）	+
	小学在校学生数（人）	+
医疗卫生	医疗卫生机构床位数（床）	+
社会保障	各种社会福利收养性单位数（个）	+
	各种社会福利收养性单位床位数（床）	+
基础设施	通宽带村数（个）	+
	邮政农村投递路线（条）	+

表5-4 指标变量列表

变量类型	变量名称	变量含义
被解释变量	人口"逆城市化"水平（CUT）	第四章人口"逆城市化"综合评价结果
解释变量	公共服务供给水平（PGS）	主成分分析结果表示
控制变量	城乡收入差距（URG）	城镇居民人均可支配收入/农村居民人均可支配收入（%）
	地区虚拟变量（Area）	东部地区为1，其余地区为0
	时间虚拟变量（Time）	以2017年为界，2017年之前为1，之后为0

从数据的来源看，教育资源、医疗卫生和社会保障相关数据来自于《中国县域统计年鉴（2016—2019）》。基础设施方面，通宽带村数来自于各市的《城市统计年鉴（2016—2019）》数据，而邮政农村投递路线的数据来源于各市的《邮政行业发展统计公报》。

（3）指标处理：主成分分析

①主成分分析基本原理与计算步骤

在本部分中，我们将对6市县、乡镇的公共服务供给水平进行主成分分析以获得各个地区的综合公共服务供给水平，以用于后续的实证分析。主成分分析的基本思想是利用降维的思想，将多个指标转化为少数几个综合指标。[1] 其基本数学模型为：设研究对象包含 n 个样品，p 个指标变量，分别用 X_1，X_2，……，X_p（$n > p$）表示。这 p 个指标变量构成向量 $X=(X_1, X_2, ……, X_p)$。对 X 进行线性变换，形成新的综合变量 Y：

$$\begin{cases} Y_1 = \lambda_{11}X_1 + \lambda_{12}X_2 + …… \lambda_{1p}X_p \\ Y_2 = \lambda_{21}X_1 + \lambda_{22}X_2 + …… \lambda_{2p}X_p \\ …… \\ Y_p = \lambda_{p1}X_1 + \lambda_{p2}X_2 + …… \lambda_{pp}X_p \end{cases} \quad (5.2.10)$$

其中，$\lambda_{k1}^2 + \lambda_{k2}^2 + \cdots + \lambda_{kp}^2 = 1$，$k=1$，2，$\cdots$，$p$。

---

[1] 马慧慧. Stata 统计分析与应用［M］. 北京：电子工业出版社，2016：339.

　　下面对教育资源、医疗卫生、社会保障、基础设施等 7 个指标进行全局主成分分析，一般计算步骤如下：通过标准化对原始数据进行无量纲处理；计算相关矩阵，判断指标之间的相关性；求取特征值及特征向量；计算各主成分及方差贡献率；求出各指标的主成分系数。

　　②计算结果

　　调用 stata 13.0 分析软件，首先检验原始数据是否适合做主成分分析，通过计算 KMO，得到 KMO=0.61，结果可接受，可以进行主成分分析。其次，对选取的 7 个指标的原始数据进行主成分分析，由表 5-5 可知，初始特征值大于 1 的有 2 个主成分，累计贡献率达到 72.67%（70%），能够保留原始变量绝大多数的信息。因此，提取到两个主成分，并计算出公共服务供给水平的综合得分。

表 5-5　主成分的特征值及方差贡献率表

成分	特征值	贡献率（%）	累计贡献率（%）
Comp1	2.384	47.69	47.69
Comp2	1.249	24.98	72.67
Comp3	0.738	14.76	87.43
Comp4	0.377	7.54	94.97
Comp5	0.251	5.03	100.00

　　（4）实证结果

　　公共服务供给水平对人口"逆城市化"迁移选择的影响情况如表 5.6 所示。由 F 检验可知，采用固定效应模型确实优于混合 OLS 模型。模型的主要解释变量——以主成分分析估计出的县、乡镇公共服务供给水平变量与人口"逆城市化"呈正相关，说明公共服务供给水平确实是人口做出迁移决策的重要影响因素，同时县、乡镇公共服务供给水平越高，人们越愿意选择迁移至此。此外，这一实证分析结果一定程度上验证了蒂布特模型关于"用脚投票"即通过迁移来选择最佳地方公共服务供给的理论在人口

"逆城市化"议题中的适用性。在模型的控制变量中，城乡收入差距与人口"逆城市化"水平显著正相关，可能的解释是生活成本在其中起到一定作用。城乡收入差距越大，说明城市收入水平较高，但同时也带来较大的生活成本，如房价过高、房租不断上涨、生活费用增加等，这些都会使人们产生逃离大城市的想法，进而解释了近年来"逃离北上广"、农民工离城返乡等"逆城市化"现象的流行。分析结果表明，时间虚拟变量的估计结果显著，2017年之后的人口"逆城市化"迁移水平要强于2017年以前，说明乡村振兴政策以及"十三五"推进基本公共服务均等化政策对人口的迁移有一定影响。另外，地区虚拟变量的估计结果也很显著，说明相对于中西部地区，东部地区人口"逆城市化"现象更为普遍，这可能与产业的梯度转移以及生活成本的居高不下有关。

表 5-6　静态面板与动态面板回归结果

解释变量	模型 I 混合 OLS	模型 II FE
公共服务供给水平（PGS）	0.2771[*]（0.1601）	0.5004[**]（0.0328）
城乡收入差距（URG）	2.1886[*]（1.1651）	2.5559[**]（0.7104）
时间虚拟变量（Time）	0.0791[**]（0.0361）	0.1640[*]（0.1128）
地区虚拟变量（Area）	2.6550[***]（0.8814）	—
常数项（C）	−162.5461（72.3681）	18.6676[**]（3.8764）
F 检验	—	[0.000]
R^2	0.6519	0.6329

注：括号内为稳健标准误；***、**、* 分别代表在 1%、5%、10% 水平上显著。

三、制度因素与"逆城市化"

由于前文提到的理论模型：二元经济理论及蒂布特"用脚投票"假说

都忽视了制度因素的局限性。在解释我国人口逆向迁移流动的动力机制时，应结合我国的具体情境进行修正。在城乡二元结构制度下，我国形成了城镇及乡村两个相对分离式均衡的要素市场。[①] 要素的城乡流动仍然存在空间壁垒。特别是土地要素，以劳动力身份为前提条件进行流转，非农业人口无法享受农业人口作为集体成员所享有的农村土地权利。此外，蒂布特假说的重要前提是人们能够在社区间自由流动。然而，在我国现行的户籍制度条件下，人口虽然能够自由流动，但附着于户籍制度上的相对福利却无法随着劳动力要素的迁移而迁移，具有不可携带性。因此，将户籍制度及土地制度考虑在内是保证分析具有相对完整性及聚焦性的不可或缺的组成部分。这一部分就将根据我国现行的户籍制度及土地制度，补充分析制度因素对人口"逆城市化"的影响。

（1）现行户籍制度对人口"逆城市化"的作用机理

我国现行户籍制度的主要依据是 2014 年国务院印发的《国务院关于进一步推进户籍制度改革的意见》（以下简称《意见》）。该政策的重点工作在于要进一步调整户口迁移政策、建立统一的城乡户口登记制度、全面实施居住证制度、切实保障农业转移人口及其他常住人口的合法权益。对于超大、特大城市，该《意见》指出要严格控制这些城市的人口规模，并建立起完善的积分落户制度。根据《意见》的要求，类似上海、武汉、南京这一类超大及特大城市均实行较为完善的积分落户制度，但个人的落户条件及家庭成员"三投靠"：夫妻相互投靠、父母投靠子女、子女投靠父母的落户条件及准入门槛仍较高。[②] 其户籍制度的重点在于有选择性地吸纳城市发展过程中所需的稀缺人才、资金、资源等，从而起到减轻城市

---

① 黄燕芬，张超. "十四五"期间健全城乡融合发展机制研究 [J]. 中国人口科学，2021（1）：12-22.

② 杨晓军. 中国户籍制度改革对大城市人口迁入的影响——基于 2000—2014 年城市面板数据的实证分析 [J]. 人口研究，2017，41（1）：15.

负担，限制人口迁入的作用。因此，超大及特大城市的户籍制度对于外来人口具有一定的限制作用，充当了人口"逆城市化"的"助推器"。对于Ⅰ型大城市，《意见》指出要对落户的规模及节奏进行适度控制，对合法稳定就业的范围、年限以及合法稳定住所（含租赁）的范围、条件做出较严格的规定。① 因此，虽然相较于超大及特大城市，Ⅰ型大城市落户门槛相对较低，但仍对人口迁入有一定限制。对其余中小城市及城镇，落户制度则宽松得多，《意见》规定了要有序放开中等城市的落户限制，全面放开建制镇及小城市的落户限制，基础设施较完善、公共服务较好的中小城市、小城镇就有可能成为吸引人口流入的新集聚地。

除去大城市的落户门槛阻碍了人们的迁入，助推了人口向中小城市、小城镇迁移外，附着于户籍制度上的社会福利也是推动人口"逆城市化"迁移的重要动机。对于城市外来人口而言，医疗保险、失业保险、工伤保险、居住条件、劳动合同以及社会融入等福利诉求得不到满足时，他们也会考虑"逆向"流动。因此，本书在下一章将重点分析在城市居住的农业户籍人口的"逆城市化"意愿，以期证明与户籍制度相挂钩的福利因素对人口"逆城市化"的影响。

（2）现行土地制度对人口"逆城市化"的作用机理

党的十九大做出了实施乡村振兴战略的重要部署，明确提出了完善承包地的"三权"分置制度。随后，由中共中央、国务院印发的《乡村振兴战略规划（2018—2020）》② 进一步明确了探索宅基地所有权、资格权、使用权"三权分置"，保障宅基地农户资格权和农民房屋财产权，适度放活宅基地及农民房屋使用权。土地权益是影响农村人口迁移流动的重

---

① 国务院关于进一步推进户籍制度改革的意见［EB/OL］.（2014-07-30）［2023-03-01］. http://www.gov.cn/zhengce/content/2014-07/30/content_8944.htm.

② 中共中央 国务院印发《乡村振兴战略规划（2018—2020）》［EB/OL］.（2018-09-26）［2023-03-01］. http://www.gov.cn/zhengce/2018-09/26/content_5325534.htm.

要原因之一。对农民来说，土地不仅仅是一种生产方式，还是一种累积财富。[①] 农村土地"三权分置"的产权制度可以从两个方面促进"逆城市化"进程。一方面，即使农业人口进城生活，只要其具有集体成员权资格，就拥有农村土地的承包权。当其无法在城市稳定工作时，土地作为一种财富，有助于拉动在城市根基尚未稳定的农业转移人口回流返乡。另一方面，承包权与经营权的分置既能满足农村流转土地经营权给社会资本方的意愿，又能稳定土地经营契约关系，有利于拓宽社会资本进入农村的渠道，提高社会资本进入农村的意愿。[②] 此外，也能够促进人口在城乡间的双向自由流动。

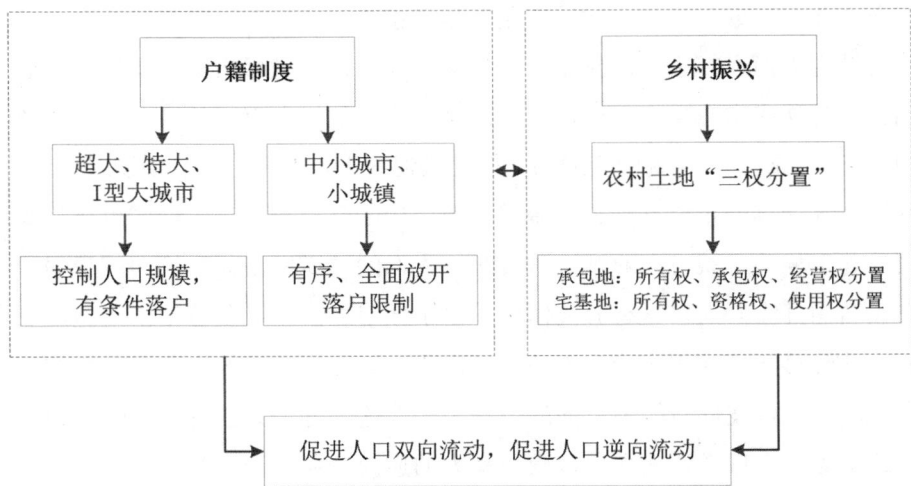

图 5-1　户籍与土地制度对人口"逆城市化"的影响机制

---

① 张红宇. 中国农地调整与使用权流转：几点评论 [J]. 管理世界，2002（5）：77-88.

② 谢地，李梓旗. 城镇化与乡村振兴并行背景下的城乡人口流动：理论，矛盾与出路 [J]. 经济体制改革，2020（3）：7.

四、本章小结

本章综合了"刘－拉－费"二元经济理论、托达罗模型、配第－克拉克理论及蒂布特用脚投票模型，分析了经济因素、县－乡镇公共服务水平对长江经济带六市人口"逆城市化"的影响。分析结果表明，收入因素仍是人口迁移的重要动机。城乡收入差距越大，人口"逆城市化"迁移意愿越小，人们仍会选择"乡－城"迁移；城乡收入差距越小，人口的"逆城市化"意愿就越强，这说明在城乡收入差距相对较小时，人们会理性比较，选择"性价比"较高的迁移方式。在农村经济发展水平中，乡镇规模以上工业企业单位数与人口"逆城市化"显著正相关，说明乡镇工业企业在吸引劳动力方面发挥了一定作用。迁移成本与人口"逆城市化"决策显著负相关，迁移成本越高，人口选择"逆城市化"的倾向就越低，在原地居留的可能性就越大。这说明交通的便捷性是促进人口循环迁移、钟摆式迁移、城－乡式迁移的重要推动力。城市产业结构的升级与人口"逆城市化"决策显著正相关，城市产业结构越升级，人们的"逆城市化"倾向就越强。产业结构升级对人口具有分流作用。由于低附加值企业和劳动密集型产业的向外转移会带动相应劳动力的向外迁移。而高附加值的企业会吸引教育水平较高，科技创新能力较强的劳动力，而这部分人只占总人口的少数，因此整体的人口迁移表现出多数劳动力的逆向迁移特征。此外，县、乡镇公共服务供给水平变量与人口"逆城市化"正相关。说明公共服务供给水平确实是人口作出迁移决策的重要影响因素，且县、乡镇公共服务供给水平越高，人们越愿意选择迁移至此。同时，本章针对中国实际对影响因素进行了修正。从理论上分析了制度因素对人口"逆城市化"的影响，也为下一章的分析提供了思路。

第六章 人口"逆城市化"的 内部驱动因素分析

上一章着重从供给侧的宏观视角探讨了经济因素和公共服务供给水平对人口"逆城市化"的外部驱动。但是，人口迁移的本质是个体选择的差异性，不同个体进行"逆城市化"迁移的原因各不相同，所以群体异质性和个体异质性都应被纳入考量。本章的重点在于聚焦特定群体——农业转移人口，并进一步以年龄为依据，将这一群体细化为两代人群，以分析其"逆城市化"迁移的动机。

之所以聚焦于农业转移人口，主要是因为其数量庞大且具有个体典型性和独特性，因此对于研究城乡融合发展和乡村振兴具有重要意义。与城市人口寻求田园生活的"逆城市"迁移不同，农业转移人口虽然居住在城市，为城市的发展和进步做出了重要贡献，但可能因享受不到相应城市福利而无法真正融入城市，因此出现了暂时性、钟式、循环式等迁移特点。由于受到户籍的绑定，只有少数农业人口能够定居城市并实现户籍身份的转变，大多数由于无法获得相应的福利诉求，无法安身于迁入城市而选择逐步返回农村。[①] 由建设部和中国城市规划设计研究院编纂的《中国城镇

---

① 蔡禾，王进. "农民工"永久迁移意愿研究［J］. 社会学研究，2007（6）：86-113.

化道路、模式与政策》报告预测，在 2012 年迁入城市的 2.6 亿农业转移人口中，将有 1.29—1.88 亿人在 2033 年返回乡村[1]，足以证明返乡农业转移人口的庞大，返乡现象已成为一个亟待研究的热点议题。而我国对于农业转移人口这一群体的回流现象和"逆城市化"现象的研究较少，大多数研究还停留在对现象本身的评述和分析，缺乏对其深层次原因的深入剖析。此外，社会福利是公共服务公共性的内涵所在，共享社会福利是公共服务公共性的结果[2]，政府提供公共服务的根本目的在于通过提升居民福利进而促进人的全面发展[3]。农业转移人口实现个体福利的情况与其"逆城市化"迁移决策息息相关。

有鉴于此，本章将从个体福利的微观视角出发，以农业转移人口为研究对象，研究范围仍然包括第五章所述的上海市、武汉市、南京市、南昌市、昆明市和贵阳市等 6 个城市的农业转移人口。从城市规模效应、群体异质性和个体异质性等角度出发，对其"逆城市化"迁移的动因及影响因素进行更深层次的剖析。

一、农业转移人口"逆城市化"的动机分析

1. 福利因素与农业转移人口"逆城市化"

本书根据阿玛蒂亚森的可行能力理论，将农业转移人口福利的相关指标划分为收入水平、社会保障、居住条件和社会融入等。收入水平是表现物质层面福利的基础指标，是农业转移人口在城市生活的最基本保障，也

① 李晓江，尹强，张娟，等.《中国城镇化道路、模式与政策》研究报告综述 [J]. 城市规划学刊，2014（2）：1–14.

② 姜晓萍，陈朝兵. 公共服务的理论认知与中国语境 [J]. 政治学研究，2018，143（6）：2–15.

③ 迟福林. 走向公平可持续增长的转型改革 [J]. 经济体制改革，2013（6）：5–7.

是决定其去留的最重要指标。一般研究认为，农业转移人口收入水平对"逆城市化"迁移具有抑制作用，收入水平越高，其返乡回流的可能性就越小；而收入越低，其越可能发生回流迁移。此外，土地也是农业转移人口获取持续性收益的一种方式。有学者认为，农业人口拥有的人均土地面积越多，其长期外出就业的可能性就越小。[①] 这是因为在我国当前的农村土地制度下，要想实现在城市的永久迁移需要放弃相应的土地权益，一定程度上抑制了农业转移人口的永久性迁移行为。[②] 社会保障作为个体福利的重要组成部分，其范围涉及医疗、养老、失业、生育和工伤等方面。农业转移人口向城市的聚集除了期望得到更高的收入外，还希望获得更好的社会保障。但是，由于户籍制度的存在，外来人口往往很难享受与城市人口同等的社会保障待遇。正是由于这种社会保障的不平等，才使其作出回流迁移的决策。[③] 部分已经获得社会保障的农业人口则表现出很强的长期居留城市的意愿。[④] 住房是为个体提供遮风挡雨、抵御风寒的功能性场所，也是福利的重要组成部分。随着社会经济水平的不断发展，人们对住房的要求由能够满足基本生活生存发展到注重房屋的舒适性与体验感。[⑤] 在迁入城市拥有自购住房或居住条件较好的农业转移人口，其城市居留意愿较强，返

[①] Hu F，Xu Z，Chen Y. Circular Migration，or Permanent Stay? Evidence from China's Rural-urban Migration［J］. *China Economic R eview*，2011（1）：64-74.

[②] 张良悦，刘东. 农村劳动力转移与土地保障权转让及土地的有效利用［J］. 中国人口科学，2008（2）：72-79.

[③] 任远，施闻. 农村外出劳动力回流迁移的影响因素和回流效应［J］. 人口研究，2017，41（2）：13；齐红倩，席旭文，刘岩. 福利约束与农业转移人口逆城镇化倾向［J］. 中国人口·资源与环境，2018，28（1）：16-25.

[④] 刘金凤，魏后凯. 城市公共服务对流动人口永久迁移意愿的影响［J］. 经济管理，2019，41（11）：22-9.

[⑤] 高进云，乔荣锋，张安录. 农地城市流转前后农户福利变化的模糊评价——基于森的可行能力理论［J］. 管理世界，2007（10）：62-73.

乡回流意愿较弱。[①] 社会融入体现的是农业转移人口在心理层面获得的对迁入城市的认同感与归属感。传统研究认为,身份融入是农业转移人口完成经济融入后的另一追求,但是,一部分农业转移人口与本地市民之间的社会身份鸿沟难以消除,其人际交往大多局限于老乡、工友之间,往往被城市社会所"边缘化"[②],因此他们返乡回流的意愿大大加强。同时,有研究通过实证分析证明,在流入城市的社会融入水平越高,农业转移人口的城市定居意愿就越强,其"逆城市化"的倾向就越弱。[③] 因此,本书将研究个体收入、社会保障、居住条件和社会融入情况与人口"逆城市化"意愿之间的关系。

2. 家庭因素与农业转移人口"逆城市化"

斯塔克和布鲁姆提出的新经济迁移理论以及家庭决策目标理论都强调了家庭在个体迁移决策中的重要作用。迁移被认为是一种家庭决策,家庭是劳动力迁移与否的主要决策单位。劳动力进行迁移的最主要动机在于使家庭收入多元化、家庭风险分散化和家庭利益最大化。[④] 家庭责任、家庭规模和家庭结构是劳动力进行迁移的重要考虑因素。一般认为,家庭责任越大,农业转移人口的回流意愿即"逆城市化"意愿可能越强。家庭责任主要体现在两个方面:一是家庭有需要照顾的留守老人和留守儿童;二是

① 林李月,朱宇,柯文前,等. 基本公共服务对不同规模城市流动人口居留意愿的影响效应 [J]. 地理学报,2019,74(4):123–138.

② 王一凡. 新生代农民工返乡创业的动因及扶持策略探究 [J]. 农业经济,2018,(8):72–73.

③ 齐红倩,席旭文,刘岩. 福利约束与农业转移人口逆城镇化倾向 [J]. 中国人口·资源与环境,2018,28(1):16–25;吕建兴,曾小溪,汪三贵. 扶持政策、社会融入与易地扶贫搬迁户的返迁意愿——基于 5 省 10 县 530 户易地扶贫搬迁的证据 [J]. 南京农业大学学报(社会科学版),2019,19(3):29–40.

④ Stark O,Levhari D. On Migration and Risk in LDCs [J]. *Economic Development Cultural Change*,1982(1):191–96.

家庭中劳动力缺乏，这都是拉动农业转移人口逆城市回流的重要因素。[①]
家庭规模的影响主要体现在家庭中需要负担人数越多，其返乡回流的可能
性就越大。[②] 家庭结构则侧重于考察家庭成员的组成情况，是否有配偶、
子女及老人。如果有配偶、子女，且其均随之迁移至城市的，其永久定居
在城市的意愿更强，返乡回流的意愿较弱。[③] 此外，子女教育也是家庭成
员进行迁移时的重要考虑因素，夏怡然、陆铭的研究表明，相对于受教育
水平较高的劳动力，受教育水平较低的劳动力更加注重子女的教育，更愿
意迁往教育水平高的城市。[④] 大城市优渥的教育资源是吸引劳动力定居于
此的重要拉力，但是，大城市的教育往往存在额外限制及户籍歧视。虽然
大多数城市的教育部门都明确规定了公立学校要平等接受外来人员子女入
学，但仍制定了相关需要满足的条件。但外来人员一般难以通过各地政府
规定的相应资质审核，其他渠道又需要支付高昂的费用，外来人员的子女
很难获取同等条件的教育资源，增加了其与子女返乡回流的可能。[⑤] 因此，
本章将着重考虑家庭规模和家庭责任对人口"逆城市化"意愿的影响。

3. 个体因素与农业转移人口"逆城市化"

个体特征主要包括个体劳动力的年龄、婚姻状况、性别与教育程度等。

---

①　白南生，何宇鹏. 回乡，还是外出？安徽四川二省农村外出劳动力回流研究 [J].
社会学研究，2002（3）：64–78；Zhao Y. Causes and Consequences of Return Migration: Recent
Evidence from China [J] *Journal of Comparative Economics*，2002（2）：376–394.

②　任远，施闻. 农村外出劳动力回流迁移的影响因素和回流效应 [J].人口研究，
2017，41（2）：13.

③　刘金凤，魏后凯. 城市公共服务对流动人口永久迁移意愿的影响 [J].经济管理，
2019，41（11）：22–39.

④　夏怡然，陆铭. 城市间的"孟母三迁"——公共服务影响劳动力流向的经验研究 [J]
. 管理世界，2015（10）：78–90.

⑤　李尧. 教育公共服务，户籍歧视与流动人口居留意愿 [J].财政研究，2020，448（6）：
94–106.

对于个体因素与人口迁移之间关系的研究由来已久，然而由于观测地点、时间和样本选择的多样性，对个体和人口迁移之间关系的一致性估计和影响方向效应并未达成共识。Borjas从农民工的个人素质角度出发，指出迫使其从城市返回农村的原因主要包括年龄较大、文化程度较低和技术水平有限。[①] 许多学者也同意这一观点，认为年龄较大且已婚的农业转移人口是返乡的主力，因为随着年龄的增长，其在城市的就业机会会逐年减少。[②] 也有学者通过分组计算，间接分析了不同年龄段人口的"逆城市化"迁移决策，得出与第一代农业转移人口相比，第二代农业转移人口的留城意愿更强，"逆城市化"意愿更弱。[③] 有些学者则得出了完全相反的结论，认为第一代农民工的永久留城意愿更强，原因在于其流入城市的平均时间及家庭成员随迁比例均高于第二代农民工。[④] 教育程度对农业转移人口返乡回流影响的研究结果也不尽相同，有学者认为劳动力自身的教育水平与其城市定居意愿正相关，认为返乡回流是劳动力教育水平较低缺乏就业竞争力所导致的被动回流。[⑤] 但也有研究认为教育水平与劳动力回流并非负相

[①] Borjas G J. Self-Selection and the Earnings of Immigrants [J]. *American Economic Review*, 1987: 77.

[②] Zhao Y. Causes and Consequences of Return Migration: Recent Evidence rom China [J]. *Journal of Comparative Economics*, 2002（2）：376-394；白南生，何宇鹏. 回乡，还是外出？安徽四川二省农村外出劳动力回流研究 [J]. 社会学研，2002（3）：64-78.

[③] 齐红倩，席旭文，刘岩. 福利约束与农业转移人口逆城镇化倾向 [J]. 中国人口·资源与环境，2018，28（001）：16-25.

[④] 刘金凤，魏后凯. 城市公共服务对流动人口永久迁移意愿的影响 [J]. 经济管理，2019，41（11）：22-9.

[⑤] 齐红倩，席旭文，刘岩. 福利约束与农业转移人口逆城镇化倾向 [J]. 中国人口·资源与环境，2018，28（001）：16-25；牛建林. 城市"用工荒"背景下流动人口的返乡决策与人力资本的关系研究 [J]. 人口研究，2015（2）：17-31.

关，返乡的劳动力呈现出更高的教育水平。[①] 此外，已婚且家庭成员未随迁的劳动力更倾向于返乡回流。

二、变量设置与描述性统计

1. 数据来源

本章所运用的数据来源于中华人民共和国国家卫生健康委员会发布的2017 年中国流动人口动态监测调查数据（China Migrants Dynamic Survey，以下简称 CMDS）。该数据采用分层、多阶段、与规模成比例的 PPS 方法进行抽样，以全国 31 个省（区、市）和新疆生产建设兵团为抽取样本点，以在流入地居住一个月及以上、非本区（县、市）户口的 15 周岁及以上流入人口为抽样对象。调查内容包括家庭人员状况、收支状况、居留及流动意愿、健康与社会保障、公共服务与社会福利等方面，调查结果全面且具有代表性。根据本章的研究目的，仍以上海、武汉、南京、南昌、昆明、贵阳 6 个城市为重点研究区域，以农业转移人口为研究对象，因此剔除了户口性质为非农业、农转居、非农转居、居民及其他类别的样本。同时，考虑到本书对"逆城市化"定义中不包括短期迁移，在调查中提出了迁移目的为培训、照顾老人、照顾小孩等短期迁移数据，最终获得样本 12296 份。此外，本章还希望考察农业转移人口"逆城市化"的群体异质性效应、城市规模效应及个体异质性。故而将农业转移人口分为第一代与第二代，划分规则沿用钱文荣和李宝值提出的，将 1980 年及以后出生的视为第二代

[①] Zhao Y. Causes and Consequences of Return Migration：Recent Evidence rom China ［J］. *Journal of Comparative Economics*，2002（2）：376-394；悦中山，李树苗，费尔德曼. 徘徊在"三岔路口"：两代农民工发展意愿的比较研究［J］. 人口与经济，2009（6）：58-66.

农业转移人口，将 1980 年前出生的视为第一代农业转移人口。[①] 为了反映城市的规模效应，本书根据 2014 年国务院印发的《关于调整城市规模划分标准的通知》将 6 个城市样本划归为三类：超大城市包括上海、武汉；特大城市包括南京；Ⅰ型大城市包括南昌、昆明、贵阳。[②]

2. 变量设置

本章研究的被解释变量为农业转移人口的"逆城市化"意愿，即其返乡回流的意愿。根据调查的相关问题，并借鉴林李月等的做法，将问卷中有关迁移定居类的指标结果相叠加，来衡量农业转移人口的"逆城市化"意愿。[③] 具体来讲，问卷中相对应的问题分别为："今后一段时间，您是否打算继续留在本地？""如果您符合本地落户条件，您是否愿意把户口迁入本地？""如果您不打算留在本地，您是否选择返乡还是去其他地方？""您打算什么时候返乡？"从逻辑关系上来看，这四个问题呈现出递进关系：前两个问题意图考察农业转移人口是否有离开本地的打算，但不能直接说明其"逆城市化"意愿；而后两个问题则直接点明了其"逆城市化"的迫切性。因为前两个问题是正向反应留城意愿的，故我们对其答案进行重新赋值。具体来讲，我们将第一题中回答"是"和"没想好"的赋值为 0，将回答"否"的赋值为 1；将第二题中回答"愿意"及"没想好"赋值为 0，"不愿意"赋值为 1；将第三题中回答"返乡"的赋值为 1，其余为 0；将第四题中回答为"一年内"返乡的赋值为 1，其余为 0。重新赋

---

① 钱文荣，李宝值. 初衷达成度、公平感知度对农民工留城意愿的影响及其代际差异——基于长江三角洲 16 城市的调研数据 [J]. 北京：管理世界，2013（9）：89–101.

② 2014 年国务院印发的《关于调整城市规模划分标准的通知》中，以城区常住人口为统计口径，将城市划分为五类七档，即超大城市（城区常住人口＞1000 万人）；特大城市（城区常住人口 500 万—1000 万人）；Ⅰ型大城市（城区常住人口为 300 万—500 万人）。

③ 林李月，朱宇，柯文前. 基本公共服务对不同规模城市流动人口居留意愿的影响效应 [J]. 地理学报，2019，74（4）：123–138.

权后，再将赋值等权相加，用来测量农业转移人口"逆城市化"意愿的强弱，取值范围为"0—4"的序次变量，"0"表示没有"逆城市化"意愿；"1"表示弱"逆城市化"意愿；"2"表示中等"逆城市化"意愿；"3"表示较强"逆城市化"意愿；"4"表示强"逆城市化"意愿。

本书的核心解释变量主要包括收入水平、土地权益、社会保障、居住条件、社会融入和家庭责任。对于收入水平，本书选择"您上个月（或上次就业）的工资收入"作为衡量指标。对于农业转移人口来说，土地也是其获取持续性收益的一种方式。因此，我们主要考察两个方面的土地权益：是否拥有承包地和是否拥有宅基地。社会保障主要涉及劳动合同的签订、居民健康档案的建立、社会保障卡办理以及医疗保险参与数量。居住条件主要通过"在迁入城市是否有自购房"来衡量。社会融入通过一组指标等权加总来衡量，具体问题包括："您是否同意'我喜欢我现在居住的城市'这个说法"；"您是否同意'我关注我现在居住城市的变化'这个说法"；"您是否同意'我很愿意融入本地人当中，成为其中一员'这个说法"；"您是否同意'本地人愿意接受我为其中一员'这个说法"以及"您是否同意'我觉得我已经是本地人了'这个说法"，分值越高表示社会融入情况越好。家庭责任同样通过一组加总变量衡量，包括"您老家是否有老人赡养的困难""您老家是否有土地耕种等缺乏劳动力的困难""您老家是否有子女照看的困难"以及"您老家是否有配偶生活孤单的困难"四个方面，分值越高表示家庭责任越重。

控制变量主要包括个体特征及城市特征，个体特征包括性别、年龄、受教育程度和婚姻状况，城市特征即指上文提出的城市等级分类。

3. 描述性统计

（1）总体特征

表6-1为本章主要变量的描述性统计。由表可知，样本的平均年龄

为 36.879 岁，大部分处于青壮年。性别状况中，男性样本占比为 51.4%，女性样本占比为 48.6%，性别分布比较均匀。受教育程度均值为 3.327，即平均教育程度为初中，受教育程度仍偏低。在收入方面，过去一个月农业转移人口的月均收入为 8241.609 元，中位数为 7000 元。此外，对于土地权益统计量，户籍老家有承包地的样本占比为 51.7%，没有承包地的占 39.4%，还有 8.9% 的人不清楚自己是否拥有承包地；户籍老家有宅基地的样本占 73.3%，没有的占 20.2%，另有 6.5% 的人不清楚自己是否拥有宅基地。在 2017 年的调查样本中，流入时间最长的农业转移人口达到了 40 年。

表 6-1 变量、赋值与描述性统计

变量	赋值	均值	标准差	最小值	最大值	中位数
被解释变量 "逆城市化"意愿 CUT	0= 无"逆城市化"意愿； 1= 弱"逆城市化"意愿； 2= 中等"逆城市化"意愿； 3= 强"逆城市化"意愿	0.354	0.596	0	4	0
解释变量 收入水平 IC	连续变量	4666.772	3950.484	−30000	80000	4000
土地权益	您户籍老家是否有承包地 CBD 0= 无；1= 有	0.517	0.500	0	1	1
	您户籍老家是否有宅基地 ZJD 0= 无；1= 有	0.733	0.442	0	1	1
居民健康档案 HF	是否建立了居民健康档案 0= 否；1= 是	0.239	0.427	0	1	0
社会保障卡 SCC	是否办理过个人社会保障卡 0= 否；1= 是	0.471	0.499	0	1	0
医疗保险 MT	参与了下列哪些医疗保险 新农合；城乡居民合作医疗保险；城镇居民医疗保险；城镇职工医疗保险	1.007	0.414	0	2	1
居住条件 ZYF	在迁入城市是否有自购住房 0= 无；1= 有	0.169	0.375	0	1	0

续表

变量	赋值	均值	标准差	最小值	最大值	中位数
社会融入 SI	社会融入程度（1—4）	3.153	0.463	1	4	3
家庭责任 FR	家庭责任大小（0—4）	0.569	0.848	0	4	0
控制变量 性别 Gen	0= 女；1= 男	0.514	0.499	0	1	1
年龄 Age	连续变量	36.879	10.655	16	89	35
受教育程度 Edu	连续变量 1= 未上过小学；2= 小学； 3= 初中；4= 高中 / 中专； 5= 大学专科；6= 大学本科； 7= 研究生	3.327	1.092	1	7	3
婚姻状况 Mar	0= 其他(未婚、离婚、丧偶)； 1= 在婚(初婚、再婚)	0.205	0.404	0	1	0
流入时长 IT	本次流动时间	6.489	6.317	0	40	4
城市等级 CL	1=I 型大城市；2= 特大城市； 3= 超大城市	1.894	0.926	1	3	2

（2）"逆城市化"意愿

从 6 市流动人口动态监测调查数据的统计结果来看（图 6-1），在被调查的农业转移人口样本中，有 30.2% 的人"符合本地落户条件但不愿意将户口迁入本地"；15.6% 的人"今后一段时间内，不打算或没想好要继续留在迁入城市"。在不打算留在本地的人口中，有 67.5% 的人选择返乡，而且其中 34.3% 的人打算在一年内返乡。这说明农业转移人口的迁移意愿呈现出多样化的特点，不再将定居城市作为其首要目标，返乡或继续迁移的人群也占据了一席之地。此外，图 5-1 报告了打算返乡人员的回流原因，其中需要照顾小孩（18%）、需要照顾老人（16%）、返乡创业（14%）、年龄较大（11%）、外面就业形势不好（9%）、婚姻生育（7%）等原因最为普遍。

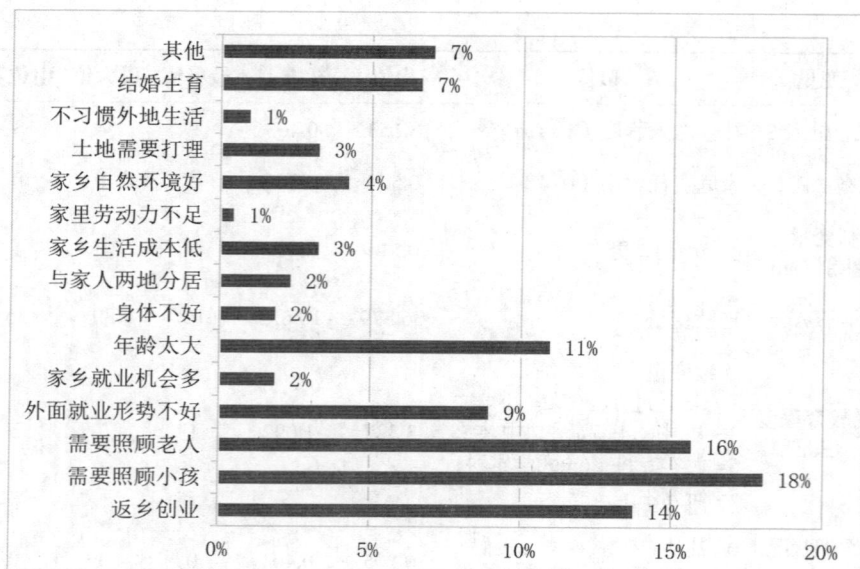

图 6-1　返乡的主要原因整理

总体来看，农业转移人口呈现出弱"逆城市化"意愿，均值为 0.354。进一步从城市等级维度上考察"逆城市化"意愿，超大城市农业转移人口的"逆城市化"意愿最强，平均值为 0.402；特大城市次之，平均"逆城市化"意愿为 0.333；I 型大城市农业转移人口的"逆城市化"意愿最低，平均值为 0.286。这说明农业转移人口的"逆城市化"意愿具有随城市规模扩大而逐渐增加的特征。

（3）个体福利状况

表 6-2 报告了不同城市的个体福利保障状况。在劳动合同签订方面，超大及特大城市的劳动合同签订率高于其他城市，这说明大城市更加注重规范劳动力市场，完善劳动相关制度，在一定程度上能够更好地保护劳动者的相关利益。在居民健康档案建立方面，整体建档率均在 50% 以下，其中武汉、南昌的建档率较高，而其他城市的建档率均较低。此外，社会保障卡办理率也较低，办理较高的也仅有 54.98%。这可能与宣传力度、户籍

制度的排斥有关。[①] 在医疗保险方面，基本每个农业转移人口都拥有一种医疗保险。在社会融入方面，基本每个城市农业转移人口的社会融入状况均较好，说明社会和谐的程度较高。

表 6-2　不同城市个体福利保障状况

个体福利	城市					
	上海	武汉	南京	南昌	昆明	贵阳
劳动合同签订率（%）	86.93	87.34	90.04	86.28	82.51	86.45
居民健康档案建立率（%）	24.69	44.16	15.44	40.87	12.73	17.20
社会保障卡办理率（%）	54.98	38.60	54.31	52.10	40.45	29.49
医疗保险（Mean）	1.01	0.96	1.09	0.97	1.03	0.97
社会融入（Mean）	3.21	3.14	3.10	3.13	3.10	3.16

三、模型选取与实证分析

1. 计量模型与检验

（1）模型构建

由于本章中的因变量农业转移人口"逆城市化"意愿是一个四分类变量，并且分类的顺序有意义，因此选用序次 Logistic 模型（Ordinal Logistic Regression Model）进行回归分析。序次 Logistic 模型如下：

$$y^* = \partial + \sum_{k=1}^{k} \beta x_k + \varepsilon \qquad (6.3.1)$$

其矩阵表达式为：

---

① 林李月，朱宇，柯文前，等. 基本公共服务对不同规模城市流动人口居留意愿的影响效应［J］. 地理学报，2019，74（4）：123-138.

$$y^{*}=\partial+\beta X+\varepsilon \qquad (6.3.2)$$

其中，X 为解释变量，是一个 $n \times k$ 矩阵，∂ 为截距项，ε 为随机误差项，∂、ε 均为 $n \times 1$ 的列向量，y 为被解释变量，y^{*} 为不能被直接测量的潜在变量，其值域为 $[-\infty，+\infty]$，并将其按序次分为 j 类。当实际观测因变量 y 有 j 种类别（$j=1，2，3，\cdots$），则被解释变量的相应取值就为 $y=1$，$y=2$，$y=3$，$\cdots$，$y=j$，且各取值间的关系为（$y=1$）<（$y=2$）<（$y=3$）<$\cdots$<（$y=j$），因此，共有 $j-1$ 个分界点将各相邻类别分开：

$$y_{i}=m \ \text{如果} \ \tau_{m-1}<<y^{*}<<\tau_{m} \qquad m=1，2，3，\cdots j \qquad (6.3.3)$$

其中，τ_{m}、τ_{m-1} 分别为潜在变量 y^{*} 的上、下限。在参数估计过程中，为减少参数估计数量，设定第一个分界点 τ_{1} 为 0。由于这种设定是随意的，则开始或结束于任意序次数均可以。[①]

序次 Logistic 模型累计概率函数公式为：

$$p_{j}=p(y \leqslant j \mid X)=\frac{exp(\partial_{j}+\sum_{i=1}^{n}\beta_{i}x_{i})}{1+exp(\partial_{j}+\sum_{i=1}^{n}\beta_{i}x_{i})} \qquad (6.3.4)$$

其中，根据本书的具体设定，y 代表农业转移人口"逆城市化"意愿，∂_{j} 为常数项系数，β_{i} 为主要解释变量系数，x_{i} 为核心解释变量及控制变量，i 为所有解释变量及控制变量的数量和 $i=15$，$j=0，1，2，3$，分别代表"无"逆城市化"意愿"；"弱"逆城市化"意愿"；"中等"逆城市化"意愿"；"强"逆城市化"意愿"。

$$\log\left(\frac{p_{j}}{1-p_{j}}\right)=\partial_{j}+\sum_{i=1}^{n}\beta_{i}x_{i} \qquad (6.3.5)$$

式 6.3.5 为序次 Logistic 模型数学表达式，$p_{j}/1-p_{j}$ 为发生比，即事件 $y<<j$ 的发生概率与事件 $y>j$ 不发生的概率之比，取对数表示核心解释变

---

① Long J S. *Regression Models for Categorical and Limited Dependent Variables* [M]. Regression models for categorical and limited dependent variables. Sage Publications，2014.

量与控制变量的线性组合。

（2）模型检验

本章将采用 stata 13.0 对模型进行估计。由于序次 logistic 回归的假设前提之一是自变量不存在多重共线性，所以首先要检验多重共线性，对自变量进行方差膨胀因子检验（VIF），得到 VIF 的均值为 1.08，不需考虑多重共线性的问题。同时，对模型进行了平行性检验，其原假设为各回归方程相互平行。通过检验得出 $P=0.126 > 0.05$，接受原假设，模型通过检验。此外，为了检验模型的稳健性（robustness），采用补充变量的方法，将家庭特征相关变量补充到被解释变量中，主要包括家庭收入——用"过去一年，您家平均每月总收入"来衡量；以及家庭人员随迁状况——由家庭随迁人员数来衡量。

2. 实证分析

（1）基准回归

采用序次 logistic 模型进行回归分析，将所有变量放入模型中，得到基准回归模型Ⅰ，回归结果如下表 6-3 所示。对于构成农业转移人口个体福利的核心解释变量，劳动合同的签订与其"逆城市化"意愿呈现显著负相关。签订劳动合同说明劳动转移人口从事的工作较为规范且稳定，能够得到较为完善的劳动保障，有利于其在城市的长期居住，降低了其返乡回流的"逆城市化"意愿。同样，城市社会保障卡的建立也对农业转移人口留城具有促进作用，对其返乡回流具有抑制作用。社会融入情况也与农业转移人口的"逆城市化"意愿呈现显著负相关，融入城市的情况越好，说明其城市归属感较强，生活适应性、文化认同感和社会适应性能力均较强，因此其城市定居意愿也就较高，返乡意愿相应较低。在福利因素中，个体收入水平与"逆城市化"意愿显著正相关，可能的解释是收入水平越高，其选择范围越广，其既可以在城市过便捷的生活，也可以重返农村，返乡创业或享受舒适减压的田园生活。此外，土地权益，即是否拥有宅基地或承包地与农业转移人口"逆城市化"意愿之间的关系不显著。这可能与现行农村土地"三权分置"制度有关，进入城市工作的农业转移人口只要拥有集体成员权资格就拥有土地承包权，即使土地流转出去也不会失去承包权。同时，承包权与经营权的分置，使得在老家有土地的农业转移人口乐于将土地经营权流转出去，因此，是否拥有承包地对其返乡回流影响不大。而另一部分农业转移人口已经脱离农业生产，既无宅基地，又无承包地，因此土地的相关权益也与其无关。相较于未建立居民健康档案的农业转移人口，建立过档案的人更倾向于返乡回流，与理论不相一致。在前文的描述性统计中得出，各市整体建立居民健康档案的比率偏低，已经建立居民健康档案的农业转移人口仅占 23.9%，不知道或知道但未办理的占比为 76.1%，因此，结论可能存在较大偏差。此外，是否有医疗保险对农业转移人口"逆城市化"意愿的影响也不显著。

从控制变量来看，城市等级与"逆城市化"意愿显著正相关，说明城市等级越高，农业转移人口的"逆城市化"意愿越强。这可能是因为城市生活压力、房价压力和生活成本均较高，外来人口很难融入大城市并在大城市立足。他们通常选择在大城市打工，积累资本，到一定年龄就重新返乡回流，在家乡从事农业或非农业工作。此外，年龄也与"逆城市化"意愿显著正相关，说明年龄越大，"逆城市化"意愿越强。这一方面可能与乡土情结有关，另一方面，在被调查的样本中，大部分农业转移人口的职业类型是个体工商户或私营企业雇员。随着年龄的增加，其工作竞争力减弱，体力下降，无法从事高强度的工作，这在一定程度上迫使其选择返乡。性别与"逆城市化"意愿显著正相关，说明相比女性，男性的"逆城市化"倾向更强。

表 6-3 农业转移人口"逆城市化"意愿影响因素的回归分析

	模型 I	模型 II	模型 III
核心解释变量			
个体收入水平 IC	0.003*（0.012）	0.003*（0.011）	0.004*（0.013）
承包地 CBD	−0.036（0.043）		
宅基地 ZJD	−0.028（0.048）		
劳动合同 LC	−0.285***（0.056）	−0.282***（0.056）	−0.281***（0.056）
居民健康档案 HF	0.297***（0.045）	0.299***（0.045）	0.298***（0.044）
社会保障卡 SSC	−0.173***（0.042）	−0.163***（0.040）	−0.149***（0.040）
医疗保险 MT	0.039（0.051）		
居住条件 ZYF	0.129*（0.054）	0.136*（0.053）	0.125**（0.051）
社会融入 SI	−0.654***（0.045）	−0.656***（0.047）	−0.643***（0.047）
家庭责任 FR	0.006*（0.023）	0.007*（0.023）	0.007*（0.023）
家庭收入水平 ICF			0.006*（0.024）
家庭成员随迁人数 FM			−0.054**（0.017）
控制变量			
城市等级 CL	0.124***（0.022）	0.122***（0.022）	0.111***（0.22）
年龄 Age	0.010***（0.002）	0.010***（0.002）	0.010***（0.002）
受教育程度 Edu	−0.005（0.019）		
婚姻状况 Mar	−0.025（0.051）		
性别 Gen	0.065*（0.039）	0.067*（0.039）	0.063*（0.039）
Log likelihood	−8864.593	−8887.491	−4146.817
Pseudo R2	0.022	0.020	0.021
LR Chin2	400.64***	354.84***	181.72***

注：*、**、*** 分别表示在 10%、5%、1% 的水平上显著，括号内为回归结果的标准差。

模型 II 为剔除了不显著变量之后的回归分析结果，从分析结构可看出，所有变量都在 10% 的置信水平下显著。模型 III 为稳定性检验模型，在加入了家庭特征变量：家庭收入水平及家庭成员随迁人数两个变量后，模型回归结果仍然显著。家庭收入水平与农业转移人口的"逆城市化"意愿显著正相关；家庭随迁人员数与"逆城市化"意愿负相关，说明家庭随迁人员越多，老家需要照顾的家庭成员就越少，其在城市的家庭就越稳定，返乡回流的可能性就越小。

（2）城市规模效应

从个体福利因素的影响效应来看（表6-4），农业转移人口在超大及I型大城市获得社会保障、劳动保障和社会融入等福利对其居留城市具有显著的拉动作用，并对其返乡回流具有显著的抑制作用；而这一作用在特大城市表现不明显。从家庭因素的影响效应来看，在任何类型的城市中，家庭责任仍是促使农业转移人口返乡回流的重要拉力，家庭成员的随迁可以在一定程度上缓解其返乡回流的意愿。具体来说，对于超大城市来说，个体福利的各项指标均显著影响农业转移人口的"逆城市化"意愿。个体收入水平越高，其"逆城市化"意愿也越强，高额收入为其自由流动提供了可能。居住条件也与个体收入情况相似，居住条件越好，其逆城市意愿越强。由于超大城市高昂的房价，居住条件也在一定程度上证明了其收入水平较高，生活质量较好，这部分人群可能出于乡土情结或返乡创业的需要而重新回到乡村。此外，社会保障程度越好、社会融入程度越高，其"逆城市化"的意愿就越弱。而社会保障卡的建立与农业转移人口"逆城市化"意愿正相关，超大城市普遍建立居民健康档案的比率较低，且农业人口建立健康档案的可能性与其受教育水平显著相关，受教育程度越高，其建立居民健康档案的意识就越强。[①] 而在调查对象中，受教育程度在初中及以下的人口占比为64.7%，教育程度还普遍较低，且上海、武汉两个超大城市的居民健康档案建立率分别为24.69%和44.16%，建档人数较少，回归分析可能不能有效显示未建档人群的真实返乡偏好。此外，在家庭体征方面，家

---

① 郭显超，黄玲. 流动人口健康档案的建立状况及影响因素分析——基于2014年流动人口动态监测调查四川人口数据［J］，人口与发展，2016（3）：84–89.

庭成员随迁数量越多，老家家庭责任越小的农业转移人口城市定居意愿越强，返乡回流的迁移意愿就越弱。对于特大城市来说，仅有个体收入水平、居住条件和社会融入三项福利因素与"逆城市化"意愿显著相关，其余因素均不显著。这可能与特大城市只有南京一个调查样本有关，样本量较小。对于 I 型大城市来说，社会保障卡的办理、劳动合同的签订、社会融入程度的提升、家庭成员随迁人数的增多均对其定居城市具有拉动作用，对其"逆城市化"意愿具有抑制作用。

表 6-4 不同城市规模的"逆城市化"影响因素分析

核心解释变量	超大城市	特大城市	I 型大城市
个体收入水平 IC	0.001* (0.001)	0.001* (0.0008)	0.001* (0.001)
居住条件 ZYF	0.097* (0.072)	0.258* (0.198)	0.101* (0.088)
社会保障卡 SSC	−0.235*** (0.057)	−0.031 (0.119)	−0.129** (0.062)
居民健康档案 HF	0.296*** (0.610)	0.210 (0.279)	0.184** (0.724)
家庭责任 FR	0.100** (0.035)	0.023 (0.071)	0.057* (0.034)
劳动合同 LC	−0.304*** (0.082)	−0.319 (0.188)	−0.237** (0.083)
家庭成员随迁人数 FM	−0.047* (0.024)	−0.003 (0.058)	−0.092*** (0.026)
社会融入 SI	−0.700*** (0.063)	−0.975*** (0.153)	−0.540*** (0.071)
Log likelihood	−4148.049	−1056.603	−3645.300
Pseudo R²	0.021	0.023	0.016
LR Chin2	179.26***	48.92***	84.78***

注：*、**、*** 分别表示在 10%、5%、1% 的水平上显著，括号内为回归结果的标准差。

（3）群体异质性效应

从群体异质性角度来看（表 6-5），福利因素和家庭因素对农业转移人口"逆城市化"意愿的影响表现出明显的代际差异。收入仍是第一代农业转移人口进行迁移的重要影响因素。城市的收入水平越高，其"逆城市化"的意愿就越低。而对于第二代农业转移人口来说，收入对其"逆城市化"意愿的影响不显著。居住条件也仅对第一代农业转移人口有影响，对第二代农业转移人口不显著。社会保障情况、劳动合同签订情况及社会融入情况对第一、二代农业转移人口的"逆城市化"意愿影响均显著为负。说明两代人均认为城市的社会保障状况及融入城市的难易程度是其进行迁移的重要考量。社会保障状况越好、工作稳定性越好、城市融入性越好，其"逆城市化"意愿就越低。在家庭因素方面，对于第一代农业转移人口来说，家庭观念及家庭责任意识均较强。老家需要照料的人数越多，家庭责任越大，其"逆城市化"意愿就越强。但如果家庭成员的随迁人数越多，其"逆城市化"意愿就越弱。对于第二代农业转移人口来说，家庭责任及家庭随迁人数对其"逆城市化"意愿的影响均不显著。

表6-5　不同年龄群体的"逆城市化"影响因素分析

核心解释变量	第一代农业转移人口	第二代农业转移人口
个体收入水平 IC	-0.001^*（0.001）	0.001（0.0004）
居住条件 ZYF	0.167^{**}（0.077）	0.089（0.074）
社会保障卡 SSC	-0.182^{***}（0.057）	-0.235^{***}（0.055）
居民健康档案 HF	0.375^{***}（0.065）	0.182^{**}（0.063）
劳动合同 LC	-0.199^{**}（0.081）	-0.357^{***}（0.077）
社会融入 SI	-0.467^{***}（0.061）	-0.904^{***}（0.067）
家庭责任 FR	0.011^*（0.031）	0.028（0.034）
家庭成员随迁人数 FM	-0.067^*（0.027）	0.025（0.022）
Log likelihood	−4260.734	−4615.132
Pseudo R^2	0.010	0.026
LR Chin2	83.61^{***}	243.78^{***}

注：*、**、*** 分别表示在10%、5%、1% 的水平上显著，括号内为回归结果的标准差。

（4）个体异质性效应

以上分析我们考察了不同城市规模、不同群体条件福利及家庭因素对农业转移人口的"逆城市化"影响有何不同。接下来，我们希望从人口的不同特征出发，考察个体异质性会不会对福利因素与农业转移人口"逆城市化"意愿之间的关系产生调节效应。

对于个体异质性，我们主要考察个体的受教育程度和流入时长，并将个体特征因素与个体福利因素的交叉项加入序次 Logit 模型中，以捕捉个体特征的调节效应。从分析结果来看（表6-6），教育对个体收入水平、居住条件、劳动合同的签订状况与"逆城市化"意愿之间的关系不具有调节效应。教育与社会保障卡建立的交互项对农业转移人口的"逆城市化"意愿存在显著负向影响，说明受教育水平越高，办理个人社会保障卡的意识越强，城市生活就越稳定，"逆城市化"意愿也就越弱。而教育水平正向调节居民健康档案建立与"逆城市化"意愿之间的关系，这意味着教育程度越高，农业转移人口的居民健康档案建立需求就越迫切，反而"逆城市化"意愿越高。虽然从理论上来说，建立居民健康档案后，农业转移人口通常更容易享受到相应的社会保障与福利。但对于超大城市、特大城市及 I 型大城市来说，社会保障与福利的准入门槛较高，且相比其他 II 型大城市和中等城市，其回报率较低。因此，这可能会促使农业转移人口考虑逆向迁移到其他地区。

此外，教育对社会融入与"逆城市化"意愿具有显著的负向调节效用，说明教育程度越高的农业转移人口，其社会融入能力越强，"逆城市化"意愿就越弱。对另一个体特征，流入时长来说，其正向调节了居住条件与"逆城市化"意愿之间的关系。即流入时间越长，对居住条件的要求越高，"逆城市化"意愿就越强。这可能是因为在大城市中，流入时间越长，对城市拥堵、环境污染、居住拥挤等"城市病"的容忍程度越低，助推其离城返乡，享受田园生活。另外，流入时长负向调节了社会保障卡办理与"逆城市化"意愿之间的关系。这说明，流入时间越长，农业转移人口办理社会保障卡的可能性越大，"逆城市化"意愿也就越弱。此外，流入时长正向调节了居民健康档案建立与"逆城市化"意愿之间的关系。说明农业转移人口流入城市时间越长，办理社会保障卡的需求越迫切。不可能在较短时间内办理的情况下，其返乡意愿就会增强。对于社会融入与"逆城市化"意愿之间的关系，流入时长具有负向调节效应，这说明，流入时间越长，农业转移人口融入城市的可能性就越大，重新迁移回乡的可能性就越小。

表6-6　个体特征的调节效应检验

变量	"逆城市化"意愿	变量	"逆城市化"意愿
个体收入水平 × 教育	0.00001（0.00001）	个体收入水平 × 流入时长	0.00001（0.00001）
居住条件 × 教育	0.031（0.014）	居住条件 × 流入时长	0.0177**（0.006）
社会保障 × 教育	−0.046***（0.011）	社会保障卡 × 流入时长	−0.026***（0.005）
居民健康档案 × 教育	0.080***（0.013）	居民健康档案 × 流入时长	0.034***（0.005）
劳动合同 × 教育	−0.008（0.016）	劳动合同 × 流入时长	0.005（0.008）
社会融入 × 教育	−0.039***（0.007）	社会融入 × 流入时长	−0.012***（0.002）
Log likelihood	−9013.603	*Log likelihood*	−8960.162
Pseudo R^2	0.005	*Pseudo R*^{2}	0.012
LR Chin2	102.63***	*LR Chin2*	209.500***

注：*、**、*** 分别表示在10%、5%、1% 的水平上显著，括号内为回归结果的标准差。

四、本章小结

本章主要利用2017年中国流动人口动态监测调查数据，从福利及家庭视角出发，分析了收入水平、土地权益、社会保障、居住条件、社会融入和家庭责任等因素对长江经济带6个城市农业转移人口"逆城市化"意愿的影响。结果显示，签订劳动合同和建立社会保障卡均可抑制农业转移人口的"逆城市化"；社会融入越好的农业转移人口返乡回流的"逆城市化"意愿越低。此外，家庭随迁人数与其"逆城市化"意愿呈负相关，家庭成员在城市居住的人数越多,其返乡的可能性就会越小,而家庭责任与其"逆城市化"意愿呈正相关,说明家乡的赡养老人、照顾子女、配偶生活孤单、土地耕种缺乏劳动力等家庭责任都是返乡回流的重要原因。从控制变量来看,流入的城市等级越高,其"逆城市化"意愿越强,且年龄越大的人,"逆城市化"意愿越强。本章还考察了个体福利及家庭因素与"逆城市化"意愿在城市规模效应、群体异质性和个体异质性上的差异。从城市规模效应的角度看,农业转移人口在超大及Ⅰ型大城市获得社会保障、劳动保障和社会融入等福利对其留在城市具有显著的促进作用,对其返乡回流有显著的抑制作用;而这一作用在特大城市表现得不明显。从家庭因素的影响效应来看,无论在哪一种城市类型中,家庭责任始终是促使农业转移人口返乡回流的重要拉力,家庭成员的随迁可以在一定程度上缓解其返乡回流的意愿。从群体异质性的角度看,福利因素和家庭因素对农业转移人口"逆城市化"意愿的影响表现出明显的代际差异,家庭责任是第一代农业转移人口的重要羁绊,是其返乡回流的重要拉力。从个体异质性的角度看,个体的受教育程度和流入时长对福利因素和农业转移人口的"逆城市化"意愿具有调节效应。

第七章 引导策略、结论与展望

一、深化对"逆城市化"与城乡融合发展关系的认知

1. "逆城市化"——城乡关系不断深化的"题中之义"

我国城乡发展关系的演变通常被分为城乡二元分割、城乡关系协调缓和和城乡融合三阶段。自党的十八大以来,我国的城乡关系政策不断深入,从城乡统筹发展到城乡一体化再到城乡融合,表现出层层递进的特点。党的十九大报告提出了建立健全城乡融合发展体制机制和政策体系的决策部署。城乡融合发展的重点包括以下三个方面:一是城乡要素之间的融合,不仅农村要素要流向城市,城市要素也要向农村转移,即各种要素可以在城乡之间自由流动,这些要素主要包括劳动力、土地、资源及公共服务等;二是区域融合,即城乡之间要相互影响、相互制约、优势互补,实现互补发展;三是基础设施及公共服务的融合,即实现城乡间基础设施、社会保障、医疗卫生、教育、养老等方面的大体均衡。目标是实现要素的自由流动,缩小城乡发展和生活水平的差距。

根据"逆城市化"定义,广义上的"逆城市化"包括人口、资本和产业的由城向远郊、乡镇迁移。在城乡对立发展阶段,国家相关政策阻碍了

城乡联系的可能性，城镇化发展缓慢，出现"逆城市化"现象的可能性较小且与政策因素密切相关。在城乡相对独立发展的第二、第三阶段，城市仍然占据主导地位，呈现出城镇化的高速发展，"逆城市化"现象发生的土壤不丰厚。但在第四、五阶段，随着城乡关系的重塑和城乡融合发展的深入推进，城乡户籍制度、土地制度改革力度日益加强，交通便捷程度、公共服务供给水平和基础设施建设水平也不断提高，这使得人口、资本、产业等要素不再单一地向城市聚集。因此，城乡关系的融合阶段为"逆城市化"现象的发生提供了土壤，使其成为城乡发展过程中的一个阶段性表现。

2. "逆城市化"——推动城乡融合发展的双向"助推器"

广义的"逆城市化"不仅包括人口的"逆城市化"，还包括资本、产业、技术等向远郊和乡镇的转移。对于超大、特大、I 型大城市来说，"逆城市化"一方面有助于实现大城市的高质量发展，另一方面则有助于加速都市圈的形成。具体而言，"逆城市化"有助于疏解大城市的非核心功能，加速制造业等劳动密集型产业向周边中小城市迁移，进而促进大城市产业结构向高端化转型，形成以高端制造业及生产性服务业为主的产业结构。此外，"逆城市化"趋势促使产业和人口向大城市周边的城市和乡镇扩散，有利于发挥大城市的辐射带动效应，形成一体化联动的大都市圈。对于中小城市和小城镇来说，"逆城市化"一方面能够为其带来资金、产业、技术，但最主要的是为其发展带来了人力资本。由于中小城市、小城镇和乡村基础设施的不断完善，交通的日益便捷，以及政策的不断倾斜，一些企业将工厂迁移至此，形成了一大批专业化的产业镇和产业乡。例如，南京市的和凤镇就形成了以农业绿色高质量发展为特色的产业镇，建立了自己的产业园区，它不仅吸引了大量的大学生返乡创业，还吸引了南京高崎电机有限公司和其他企业到此落户，现已拥有工业企业 55 家、高新技术企业 9 家、市级工程技术研究中心 3 家。武汉市新洲区凤凰镇则依托自然生态资源和乡村红色文化及民俗文化优势，吸引外来人口开发特色旅游民宿及农耕文化体验园，形成了以休闲旅游为主导的农旅结合产业模式。此外，武汉市新洲区旧街石咀村也形成了以白茶为主导产品的"一村一品"专业村。这些案例都充分体现了人口及产业的"逆城市化"对乡镇发展的积极促进作用。因此，"逆城市化"不仅能够促进大城市向高水平发展，而且能够推动中小城市和乡镇的发展，形成城乡互相促进的良性循环。

二、引导策略

通过对"逆城市化"性质及其与城乡融合发展关系的深入探讨，本书遵循正确认识、合理利用和城乡共赢的递进式逻辑，提出策略建议。

1. 正确认识"逆城市化"性质，充分发挥其"双向"助推器作用

对于"逆城市化"，我们应首先明确其性质，充分发挥其价值，使其成为促进超大、特大、大城市（部分地区）深入发展，中小城市协调发展和乡镇有序发展的重要助推器。在当前阶段，"逆城市化"现象及趋势已经初步显现，因此，清晰认识其性质并正确运用其价值是我们的首要着眼点。从性质定位上看，我国的"逆城市化"具有本土性、兼容性、局部显著性以及内涵多样性等特征。其中，本土性指的是我国的"逆城市化"现象具有本土化特征，与西方单一流动主体相异，我国"逆城市化"主体既包括非农人口，也包括农业人口；其产生的原因与经济发展水平、公共服务与社会福利水平有关，也与制度设计和政策实施等因素相关联。兼容性是指当前的"逆城市化"兼容于新型城镇化和乡村振兴的主流发展趋势中，并不是对主流发展趋势的背离，而是对其的回应与调试。[①] 局部显著性指的是我国现阶段的"逆城市化"现象并不具有普发性，主要发生在城市化率较高、经济发展水平较高、人口密集程度较高的超大、特大及部分Ⅰ型

---

① 沈东. 新型城镇化、市民化与逆城镇化［J］. 江淮论坛，2019（1）：89-93.

大城市，而"逆城市化"迁移的目的地也多为基础设施较好、距离大城市较近的中小城市或乡镇。广义的"逆城市化"内涵不仅包括人口的"逆城市化"，还包括各种资源如产业、资金等的逆向迁移。

基于我国"逆城市化"的特殊性质，对于超大、特大及部分I型大城市而言，"逆城市化"使得部分人口从大城市流出，流向中小城市、乡镇及城市周边地区。这一现象在一定程度上能够疏解这些城市的人口压力、公共服务压力，有助于疏解大城市的非核心功能，防止城市的无限与无序蔓延。同时，"逆城市化"还能够促使一些劳动密集型、资源集成型的低附加值产业向大城市周边迁移，为优化城市产业结构、集中发展高附加值产业提供环境。此外，也有助于其更为精准地完成城市功能定位，更为精细地进行城市管理，更有针对性地提升科技创新及高端服务能力，加快推进智慧新城的建设。此外，部分人口的外流有助于大城市内部人口的合理分布，加快促进以人为核心的城镇化，促使城市向高质量发展。对于中小城市来说，"逆城市化"可以带来人力、产业和资本的流入，使其可以利用"逆城市化"带来的人力资源杠杆效应，进一步引导技术、物力、财力等资源进驻，盘活存量，寻找新的发展契机。对于乡镇来说，"逆城市化"有利于其培育新业态，形成新的经济增长极。由于"逆城市化"带来部分非农人口及农业转移人口迁居乡镇，不仅带来了人力资源，且部分逆城市人口的目的是到乡镇创业、修建工厂、发展农家乐、民宿和特色小镇，兴办"三产融合"产业等，也为乡镇发展带来了资金支持，有利于乡镇培育新业态、发展新产业，形成新的经济增长极，从而促使乡镇由单一的农业经济向多元化经济发展。

2. 确立城乡"等值"理念，加快推进城乡融合发展

城乡"等值"理念（urban-rural equalized development）的提出源于20世纪50年代德国赛德尔基金会所倡导的城乡"等值化"建设理念。该理念的核心思想是将城市与农村作为一个一体化系统，通过土地整理、村庄

改革等方式，达到平衡城乡经济、缩小城乡差距，进而实现城乡"生活方式不同，但生活质量与价值等同"的目标。其后，德国又将理论上升为实践，在巴伐利亚州试行，并推广至全国，成为德国农村的普遍发展模式。[①] 需要解释的是，"等值"并非数量的相等，也不是无差异、同质化，而是在共生语境下的均衡。是在承认城乡社会、生产、生活等差异的前提下，通过财政分配及投资倾斜，发展农村经济，加强农村基础设施建设和公共服务供给，健全社会保障制度，使得城乡居民能够享受同等水平的社会福利及生活品质。在我国现阶段乡村振兴及城乡发展的背景下，树立城乡"等值"发展的理念具有基础性引导作用。首先要根据"等值"理念，根除城市主体地位观念，确立城乡在空间生产中的"双主体"地位。然后，要在形成"等值"理念的基础上，加快形成城乡人口互融共通、空间及经济发展协同共进、社会公共服务与生态环境建设均等共享等多维度"等值"重构[②]，进而促进城乡更好的融合发展。

在城乡"等值"理念的引领下，城乡应该通过人口融合、空间融合、服务融合和产业融合等方式，加快推进分类式城乡融合发展。对于与城市空间相连的城郊类村庄来说，它们不仅具备成为城市后花园的优势，也具有向城市转型的条件。因此，应该根据自身发展需要，在保留乡村风貌的基础上，加快与城市进行产业的融合发展、基础设施的互联互通、公共服务的共建共享和人才技术的互通有无，打造与城市相衔接的生活圈、服务圈和商业圈，承接城市的功能外溢，强化自身的服务能力，形成新的经济增长点，为城乡融合发展提供先行试点及实践经验。对处于其他空间区位的乡镇来说，要进一步完善附近中小城市及县域的综合服务能力，加强基础设施特别是交通基础设施的建设，吸引人力资本就地就近城镇化。同时，

---

① 汤长平，周倩. 西欧的"逆城市化"和农村开发 [J]. 兰州大学学报（社会科学版），2019，47（3）：175-189.

② 周佳宁，邹伟，秦富仓. 等值化理念下中国城乡融合多维审视及影响因素[J]. 地理研究，2020（8）：1836-1851.

在保留乡村传统风貌的基础上，统一规划城镇与乡村发展，统筹谋划产业、公共服务、资源能源、生态环境保护等布局，使城乡发展融合互补、各具特色、交相辉映。

3. 精准识别福利需求差异，推动公共服务供给更加公平可及

福利是影响人口迁移的重要因素，不同群体对福利的诉求具有差异性。因此，精准识别个体福利需求，能够为我国基本公共服务均等化供给提供新的抓手和思路。通过前述分析可以发现，收入、医疗卫生、教育、居住条件、劳动保障及社会融入等福利因素均能够显著影响人们的迁移选择。人们往往会从福利水平较低的地区迁往福利水平较高的地区，而大城市往往是人口迁移的主要目的地，因其拥有较为健全的社会保障体系和较高的福利保障水平。然而，由于大城市福利资源有限，导致福利资格具有选择性，不是所有流入人员都能平等地享受高福利待遇。因此迁往福利水平相对较高、福利获取相对较易的地区成为一种"高性价比"的选择。这一选择不仅能避免大城市出现人口扎堆现象，减轻其公共服务供给压力，保证其社会稳定性，同时也为其他城市和乡镇带来新的发展机遇。因此，如何引导部分大城市人口向周边乡镇和中小城市迁移就成为促进人口分流的关键。

总体而言，要实现人口的合理分配与自由流动，首先需要回应群体间的差异性福利诉求，并进一步推动基本公共服务供给在城乡间、区域间和不同群体间的可及性及公平性。现阶段，我国基本公共服务供给水平呈现出城乡间、区域间、群体间的差序格局[①]，即基本公共服务的供给水平在大、中、小城市、乡镇之间，非农业人口和农业人口之间，东、中、西部之间不均衡，存在较大差距。针对这些问题，应首先调整公共服务资源的供给结构。具体而言，应对一地区居民的福利诉求进行预调研，了解群众对不

---

① 曲延春.差序格局、碎片化与农村公共产品供给的整体性治理[J].中国行政管理，2015（5）：70—73.

同服务项目的需求程度，并根据程度排名调整资源供给的结构比例，优先满足群众迫切需要的服务项目。其次，要合理布局公共服务资源，引导人口的合理流动。公共服务布局的重点地区应是中小城市、与城市接壤的乡镇及其他乡村地区，要进一步加大对这些地区的公共服务倾斜力度。特别是要加强基础设施建设，同时提高教育水平、医疗卫生服务水平和公共文化体育服务水平，提高其公共服务的承载力及对外来人口的吸引力。最后，基本公共服务要合理覆盖不同群体，重点向流动人口、农业转移人口、乡镇人口及特殊群体倾斜。由于户籍制度的存在，大量流动人口和农业转移人口流入城市后，无法公平公正地享受教育服务、医疗卫生服务、劳动就业服务等福利待遇，使其成为"半市民""城漂族"，无法真正融入城市。长此以往，可能会增加社会的不稳定性。因此，一方面要有序提升在城市居留已久的流动人口和农业转移人口的公共服务水平；另一方面，要合理引导部分有再迁移意愿的人口向城市附近的乡镇迁移。此外，乡村地区的基本公共服务水平普遍落后于城市，基础设施不足，服务项目存在覆盖盲区，使得居民普遍有较强的迁出意愿。因此，要加大对乡村地区公共服务的投入力度，使其主要公共服务领域的水平与全国均值持平，使居民能够在乡村安居乐业。

4. 逐步剥离户籍制度的相对价值，施行差别化、精准化落户制度，实现人口自由流动

从表面上看，户籍制度经常被认为是城乡二元分割、非农与农业人口福利不均的根源。然而，实际上户籍制度最初的设立目的是统计人口迁移流动、婚育生死情况。户籍制度之所以存在较大争议，根本原因在于其成为了一些社会福利与政治权利的载体。获得城市户籍就意味着获得了较为完善的医疗卫生、教育、劳动就业服务等社会福利。将社会福利附着于户籍之上，造成了流动人口、农业转移人口在大城市的"边缘化""半城市化"。长此以往，可能会为社会发展带来不稳定性，并与以人为核心的新型城镇化战略和人口市民化背道而驰。此外，附着于户籍制度上的社会福利与权利也从事实上阻碍了人口在城乡间、城市间的自由流动，产生人力资本的"马太效应"，从而使大中小城市、乡镇与超大、特大、Ⅰ型大城市之间的发展差距进一步扩大，阻碍了大中小城市和小城镇的协调发展。

户籍制度的终极目标应该是保证人口在全国范围内的自由流动，且享有大致相等的基本公共服务。①因此，剥离附着于户籍制度上的福利与权利，回归户籍登记人口基本信息的本质功能，应成为改革户籍制度的价值引领。同时，要根据不同城市规模，制定更为精准、精细的户籍政策。对于城区常住人口在 100 万以下的中小城市、小城镇以及城区常住人口在 100 万—300 万人口的Ⅱ型大城市，应全面取消落户限制，使这些地区的流动人口或农业转移人口通过获得户籍实现市民化，并让这些新市民平等地享受当地的公共服务、社会保障与社会福利，真正融入当地的生活圈、文化圈。对于城区常住人口 100 万—300 万的Ⅱ型大城市，要根据各地的实际情况，建立积分落户制度，取消落户限制，并放宽随迁家属的落户条件。同时，还要重点考虑迁入人员及其家属的基本福利和权益。除了保障落户本人享有平等的社会福利之外，还需考虑随迁子女在异地教育、异地高考方面的问题，随迁老人的医疗卫生与养老问题以及随迁配偶的落户政策等。对于超大、特大及Ⅰ型大城市来说，要在综合考虑自身的经济社会发展需要以及基础设施承载力、环境承载力、资源承载力等综合承载力的基础上，进一步规范和完善积分落户制度。完善积分落户制度应遵循权利与义务对等原则，逐步扩大居住证所覆盖的基本公共服务项目和社会福利范围。在计算积分时，应上调社保与居住分值。缴纳社保及居住年限越长，单位时间分值就越高。同时，考虑进一步放宽租赁房屋常住人口的落户条件。此外，也可以进一步探索城市内部分区域的差别化入户政策，根据不同区域的发展需求，进一步放宽人才及其家属的落户条件，保持城市发展的活力。

---

① 彭希哲. 剥离式改革：大城市户籍制度改革新方向［J］. 探索与争鸣，2013（11）：3.

5. 以中小城市、小城镇为抓手，促进乡村振兴，实现空间协同发展

我国的中小城市、小城镇与乡村具有天然的联系。许多中小城市是由小城镇逐渐发展而来，而很多小城镇又是由乡村逐步转型而成。特别是小城镇，有很大一部分仍然以"半城镇、半乡村"的城乡过渡型聚落形式存在，是"城市之尾，乡村之首"[①]。中小城市及小城镇因其区域的中心地位及拥有相对完善的基础设施，可以为农村提供基本公共服务，成为农民就地就近城镇化的重要载体。同时，中小城市及小城镇的发展也对乡村具有辐射带动作用，有利于推动农业人口就近实现非农就业，是加快乡村振兴、实现城乡空间协同发展的重要抓手。但是，由于自然地理条件的限制，在我国的中西部地区，有很多偏僻的农村与附近县城距离较远，很难享受到相应的基础设施、公共服务及经济发展的辐射效应。这时，小城镇的作用就显得尤为重要了。

但是，我国现阶段中小城市及小城镇的发展仍不容乐观，存在发展困难的现象。虽然形成原因是多样化的，但大体可归纳为以下几种：一是区位偏僻。我国许多中小城市处于较为偏僻的区位，不具有港口、沿海、交通枢纽等区位优势，再加上交通设施的不完善，进一步限制了这些小城镇的发展。二是资源禀赋不足。除了部分城市属于资源型城市外，其余城市并不具有资源优势，也很难形成具有持续性发展潜质的产业集群，整体发展受到严重限制。三是交通条件差。中小城市及小城镇普遍存在铁路线及机场较少的问题，有些地区由于自身地形限制，短时间内难以改变闭塞的交通现状。四是管理机制有待优化。在市管县体制下，部分地级市为了追求政绩，往往集中县级财力、资源建设地级市，出现了"市县博弈"的情况。从而导致中小城市、小城镇在发展过程中既缺乏资金又缺乏机会。

因此，为了促进中小城市、小城镇及乡村的进一步发展，我们首先需要向其倾斜政策、公共财政和基本公共服务等资源，以提升其发展权。

---

① 樊正强，谭华云. 加快小城镇建设助力乡村振兴［N］. 光明日报，2018-04-03（14）.

其次，要明确建设目标，建立宜居、宜业和可持续的发展准则。宜居主要是改善人们的居住环境，提高基本公共服务水平。具体而言，就是注重生态环境建设，重点关注基础设施建设，大力推进教育、医疗和社会保障的城乡均等化发展。宜业则是指要强化产业支撑，提升产业承载力。中小城市、小城镇及乡村要依托自身的产业基础和资源优势，大力发展旅游业、农产品加工业、特色农业等，形成一批特色旅游型、产业发展型和资源承接型的业态模式，积极承接大城市的人口和产业溢出。同时，要推进农业的一二三产融合，搭建产业发展平台和产业园区建设，鼓励创新创业。有些需要推动迁入地政策的改革，例如都市圈和城市群之间的劳动力和人才落户积分互认政策。例如，2020年宁波、苏州和广州率先探索的户籍准入年限同城化累计互认制度，消除了普通劳动者在一定范围内迁移后再次迁移的后顾之忧。三地成功探索的经验已经得到国家层面的充分肯定，户籍同城化累计互认已成为2021年刚颁布的《建设高标准市场体系行动方案》的重要部分。其他城市也应以这些城市为标杆，同时结合自身发展目标和城市定位，提出具有前瞻性的公共财政、公共服务和户籍等相关政策。

6. 充分发挥人口流动政策的引导作用，构建分类指导型人口流动策略

从现阶段我国人口流动的特征来看，不仅流动规模大、人口数量多、流动频繁，人口流动的方向和需求也呈现出多样性、复杂性的特点。特别是近年来，城乡融合发展和乡村振兴政策的提出进一步促进了人口在城乡之间的"双向"流动。但是，现阶段我国的人口政策主要存在两方面问题。一方面，人口流动政策仍主要关注农业转移人口或流动人口的市民化问题及公共服务供给的均衡化问题，对人口反向流动、"逆城市化"流动现象的关注较少，研究较浅。另一方面，我国的人口流动政策始终滞后于人口流动的新变化和新趋势，引导人口合理流动的力度不足。因此，今后人口流动政策的设计应遵循"因时而变、相机抉择、合理引导"的原则，在关注合理引导农业转移人口市民化的同时，也要加强对人口"逆城市化"流

动现象的关注和研究，从公共政策上合理引导人口自由流动、自由迁移。

面对我国人口迁移流动方向、性质、规模和动因日益多样化、复杂化的现状，设计具有前瞻性和引导性的分类指导型人口流动政策就具有重要意义。分类指导型政策主要包括以下两个部分：一方面，对于有意愿落户城市的农业转移人口，要继续加快推动其市民化的进程。除去部分超大及特大城市外，应全面放开落户限制，恢复户籍的登记功能，实现户口的"愿落尽落"。另一方面，对于愿意迁往乡镇创业就业的城市人口或愿意返乡创业的农业转移人口，应完善相应的引导、服务、激励、保障机制，鼓励其发挥带动作用。具体而言，一方面要完善人口迁移流动的成本分担机制，根据地方政府的财政能力和人口流动特征，分类设置，深化"人地钱"挂钩配套政策。另一方面要完善人口流动的信息网络化管理，建立集合人口身份信息、个税信息、社会保障信息等的一体式人口信息登记系统，为理顺人口流动政策提供基础数据信息。

三、结论与展望

本书首先利用可视化文献分析软件 CiteSpace5.6.R5，对中外关于"逆城市化"议题的研究热点和演进特征进行了总结和分析。其次，从归纳现象到分析趋势，本书不仅对中外"逆城市化"现象进行了归纳和比较，而且从拆解"逆城市化"概念出发，构建了"逆城市化"测度指标体系，并利用熵值法对长江经济带主要城市的"逆城市化"趋势进行了测度。再次，以长江经济带出现"逆城市化"的6个城市为研究样本，从宏观和微观两个视角切入，全面考察了"逆城市化"形成的动因。在宏观层面，本书运用统计年鉴、统计公报等官方数据，分析了宏观经济因素和公共服务供给水平对人口"逆城市化"的影响。在微观层面，本书采用《2017年全国流动人口卫生计生动态监测调查》数据，聚焦于群体异质性、个体异质性及城市规模效应，研究了福利因素对农业转移人口"逆城市化"意愿的影响。

四、研究结论

我国现阶段的"逆城市化"并非主流趋势，对"逆城市化"议题进行研究的文献也相对较少。总体而言，"逆城市化"不是对城市化的反叛，而是促进新型城镇化及乡村振兴"双向"发展的一种助推器。本书通过对长江经济带"逆城市化"现象的研究，得出以下结论：

第一，目前国内学者对"逆城市化"的研究主要集中于辨析我国"逆城市化"之真伪、对比西方国家与我国"逆城市化"现象的差异、总结和归纳本土化"逆城市化"的概念和表征、初步测算部分超大城市的"逆城市化"趋势等问题上。分析范围的局限性、群体的固定性、研究的表面性、方法的局限性不利于识别人口迁移的新趋势。拓展研究区域至长江经济带，建立"逆城市化"趋势测度指标体系，探寻人口"逆城市化"现象产生的动力机制，可以正确认识并合理利用"逆城市化"这一新趋势。

第二，我国的逆城市具有"双轨"并行的特点。一般认为，西方国家的"逆城市化"是"单轨"运行的，一般出现于城市化率达到70%后的高度城市化阶段，且其进行"逆城市化"迁移流动的主要群体是城市的中产阶级或城市的富人阶级，迁移的原因主要集中于对城市发展过程中出现的环境污染、居住环境差、交通拥堵等"城市病"的逃离。因此，西方国家的"逆城市化"进程可以看作是单一原因、单一人口群体的"单轨"运动。相比之下，我国的"逆城市化"更为复杂，可概括为两条主线：其一是位于城市的农业转移人口无法获得公平的公共服务，不能满足自身的福利诉求，被迫选择返乡回流；其二是非农户籍的城市居民为逃避"城市病"压力，向往"田园生活"等原因而主动进行的"逆城市化"迁移。因此，我国的"逆城市化"具有"双轨"运行的特点。

第三，位于长江经济带的上海、南京、武汉、南昌、昆明和贵阳等6个城市人口表现出明显的"逆城市化"趋势。通过对这6个城市在2015—2019年间常住人口的空间分布情况进行考察，我们构建了包括城镇化率、城市中心区常住人口增长率、远郊常住人口增长率、乡镇常住人口增长率以及人口集中度指数、ROXY指数在内的"逆城市化"趋势综合评价指标体系，测度得出这6个城市的"逆城市化"程度呈现出增长趋势。这也进一步说明了，人口不再局限于"由乡到城"的正向迁移，而呈现出迁移方向和目的地选择的双向变化。

第四，从宏观角度来看，外部经济因素、公共服务供给水平、制度因素是影响人口"逆城市化"迁移的重要动因。城乡收入差距的缩小、乡村经济发展和科技水平的提高、迁移成本降低等是人口"逆城市化"的重要拉动力；而产业结构的转移和优化则无疑增强了人们的"逆城市化"意愿。此外，从宏观供给的角度来看，公共服务的供给水平是影响人口进行"逆城市化"迁移的重要考量之一。人口向乡镇迁移的重要动机之一是乡镇能够为其提供较为完善的公共服务。在制度因素方面，超大、特大及I型大城市现行的积分落户政策抑制了这些城市的人口增长，促进了人口的逆向迁移；而中小城市、小城镇现行的有序、全面放开落户限制的户籍政策则为吸引人口逆向迁移提供了政策支持。

第五，从微观需求视角来看，个体福利水平是影响农业转移人口"逆城市化"意愿的重要因素。个体福利的组成要素，包括收入水平、社会保障、居住条件、社会融入等，对农业转移人口的"逆城市化"意愿影响显著。在城市，劳动合同签订、社会保障卡建立、社会融入水平提高均能够显著抑制农业转移人口的"逆城市化"意愿。此外，家庭因素也对农业转移人口的"逆城市化"意愿产生影响。老家的家庭责任越大，需要照顾的人越多，其"逆城市化"意愿就越强。

第六，个体福利对农业转移人口"逆城市化"意愿的影响具有城市规模效应、群体异质性及个体异质性效应。城市规模效应是指在不同城市规模定居的农业转移人口，其"逆城市化"迁移意愿程度不同，超大城市农业转移人口的"逆城市化"意愿最强，特大城市次之，I型大城市最弱。此外，在城市规模分组条件下，个体福利因素及家庭因素对人口"逆城市化"意愿的影响在超大及I型大城市普遍显著，且方向一致。在特大城市则不显著。在群体分组条件下，第一代农业转移人口在进行迁移时更加关注个体收入、社会保障及家庭责任等因素。而第二代农业转移人口则更加关注社会保障、社会融入等个体福利获取情况。

五、研究不足与展望

由于本人的知识水平及精力有限，本研究存在以下两个方面的局限性：第一，在构建"逆城市化"趋势测度指标体系的过程中，指标的选取从人口的"逆城市化"视角切入，主要依据"逆城市化"的定义和前人的经验判断来选取，缺乏定量分析和统计验证。同时，由于某些指标尚不具备明确的度量条件而被舍弃，这可能会导致指标体系的片面化。第二，由于人口的"逆城市化"迁移是一个较为复杂的过程，不同群体的"逆城市化"动机也有所不同。本书仅针对农业转移人口这一群体进行了针对性的定量分析，非农人口的"逆城市化"动机和成因等问题本书则未纳入考虑范围。

上述研究存在一些局限性，但也为进一步深入探讨"逆城市化"提供了方向。具体而言，可以从以下两个方面展开研究：首先，需要完善"逆城市化"趋势测度指标体系，不仅从人口视角切入，还应从产业、资金等要素视角进行研究，以丰富"逆城市化"测度的指标体系。此外，为了保证评价的科学性，应采取定性与定量相结合的方法来选取指标，并创新综合评价方法，引入模糊层次分析法、模糊 Borda 组合评价法等，结合主客观赋权，进行全面、准确的评价。其次，由于本次研究的重点集中在农业转移人口身上，忽视了非农业人口的"逆城市化"迁移动因。因此，在今后的研究过程中，应全面考虑"逆城市化"过程中的群体异质性，不仅着眼于分析农业转移人口"逆城市化"的影响因素，还要考虑非农人口的"逆城市化"影响因素，为全面掌握人口流动的新趋势，制定相应的城乡发展策略提供科学依据。

参考文献

一、论著

（一）英文论著

［1］Chant S，Radcliffe．*Migration and development: the importance of gender. Gender and migration in developing countries*［M］．New York，Belhaven Press，1992.

［2］Hall P．*The World Cities*［M］．3rd Edition．London：Weidenfeld and Nicolson，1984.

［3］Klaassen L，Mglle W，Paelinck J．*Dynamics of urban development*［M］．Hampshire：Gower Publishing Company Ltd.，1979.

［4］McDonald P，Pressat R，Wilson C．*The Doctionary of Demongraphy*［M］．New York and Oxford：Basil Blackwell，1987.

［5］Northam R．*Urban geography*［M］．New York：John Wiley & Sons Inc，1979.

［6］Sharp E B．*Citizen Demand-making in the Urban Context*［M］．Birmingham：University of Alabama Press，1986.

［7］Champion A G. Internal migration, counterurbanization and changing population distribution ［M］//Hall R, White P.（Eds.）. *Europe's Population: Towards the Next Century*. UCL Press, London, 1995.

（二）中文论著

［1］［苏］阿·弗·斯捷潘年科. 发达社会主义条件下的城市［M］. 姜典文，等译，上海：上海社会科学院出版社，1988.

［2］《当代中国》丛书编辑部. 当代中国的劳动力管理［M］. 北京：中国社会科学出版社，1990.

［3］曹荣湘，吴欣望. 蒂布特模型［M］. 北京：社会科学出版社，2004.

［4］陈锡文，赵阳，陈剑波，等. 中国农村制度变迁60年［M］. 北京：人民出版社，2009.

［5］樊正强，谭华云. 加快小城镇建设助力乡村振兴［N］. 光明日报，2018-04-03（14）.

［6］高珮义. 城市化发展学原理［M］. 北京：中国财政经济出版社，2009.

［7］国家人口和计划生育委员会流动人口服务管理司. 流动人口理论与政策综述报告［M］. 北京：北京人口出版社，2010.

［8］国家人口和计划生育委员会流动人口服务管理司. 流动人口理论与政策综述报告［M］. 北京：北京人口出版社，2010.

［9］赫茨勒. 世界人口的危机［M］. 何新，译. 北京：商务印书馆，1963.

［10］马克思恩格斯全集［M］.（第二版）第30卷. 北京：人民出版社，1995.

［11］山鹿诚次. 城市地理学［M］. 朱德泽，译. 武汉：湖北教育出版社，1986.

［12］孙家驹，虞梅生. 走向 21 世纪的中国"三农"问题研究［M］. 南昌：江西人民出版社，1997.

［13］汪春燕. 城市化进程中的西北民族关系［M］. 北京：中国社会科学出版社，2012.

［14］隗剑秋. 城乡总体规划［M］. 北京：化学工业出版社，2011.

［15］魏后凯. 新中国农业农村发展研究 70 年［M］. 北京：中国社会科学出版社，2019.

［16］沃纳·赫希. 城市经济学［M］. 刘世庆，等译. 北京：中国社会科学出版社，1990.

［17］吴玥弢. 中国城市化进程中人口"逆向"迁移流动动因分析［M］. 北京：经济科学出版社，2017.

［18］西蒙·库兹涅茨. 现代经济增长：速度、结构与扩展［M］. 北京：北京经济学院出版社，1989.

［19］许学强，朱剑如. 现代城市地理学［M］. 北京：中国建筑工业出版社，1988.

［20］赵德馨. 中华人民共和国经济史（1967–1984）［M］. 郑州：河南人民出版社，1989.

［21］朱建江. 乡村振兴与中小城市小城镇发展［M］. 北京：经济科学出版社，2018.

二、期刊论文

（一）英文期刊论文

［1］Balestrino A，Sciclone N. Should we Use Functionings Instead of Income to Measure Well–being? Theory，and Some Evidence from Italy［J］. *Rivista Internazionale Di Scienze Sociali*，2001，109（1）.

［2］Bergstrom N，Wiberg U．Counterurbanization in a growing local labour market in Sweden［J］．*Journal of Rural Studies，IEEE*，2007．

［3］Berry B J L．Urbanization and Counterurbanization in the United States［J］．*The ANNALS of the American Academy of Political and Social Science*，1980，451（1）．

［4］Burchardt J．Historicizing counterurbanization：In-migration and the reconstruction of rural space in Berkshire（UK），1901-51［J］．*Journal of Historical Geography*，2012，38（2）．

［5］Burnley I H，Murphy P A．Residential location choice in Sydney's perimetropolitan region［J］．*Urban Geography*，1995，16（2）．

［6］Champion A G．Counterurbanization in britain［J］．*Geographical Journal*，1989，155（1）．

［7］Champion A G．Counterurbanization in Britain［J］．*The Geographical Journal*，1989，155（1）．

［8］Cloke P．Counterurbanisation：a rural perspective［J］．*Geography*，1985（70）．

［9］Cross D．Counterurbanization in England and Wales［J］．*Adlershot：Avebury*，1990（22）．

［10］Dahms F，Mccomb J．'Counterurbanization'，interaction and functional change in a rural amenity area — A Canadian example［J］．*Journal of Rural Studies*，1999，15（2）．

［11］Day K M．Interprovincial Migration and Local Public Goods［J］．*The Canadian Journal of Economics*，1992（1）．

［12］Feinerman E，Finkelshtain I，Tchetchik A，et al．Impact of Counter-Urbanization on Size，Population Mix，and Welfare of an Agricultural Region［J］．*American Journal of Agricultural Economics*，2011，93（4）．

［13］Fielding A J．Counterurbanisation in Western Europe［J］．*Progress in*

Planning, 1982, （17）.

［14］Fox W F, Herzog H W, Schlottman A M. Metropolitan Fiscal Structure and Migration［J］. *Journal of Regional Science*, 1989, 29（4）.

［15］Fuguitt G V. The Nonmetropolitan Population Turnaround［J］. *Annual Review of Sociology*, 1985, 11.

［16］Grimsrud G M. How well does the 'counter‑urbanisation story' travel to other countries? the case of Norway［J］. *Population, Space and Place*, 2011, 17（5）.

［17］Irwin E G, Isserman A M, Kilkenny M, et al. A Century of Research on RuralDevelopment and Regional Issues［J］. *American Journal of Agricultural Economics*, 2010, 92（2）.

［18］Johnson J H, Roseman C C. Increasing Black Outmigration from Los Angeles: The Role of Household Dynamics and Kinship Systems［J］. *Annals of the Association of American Geographers*, 1990, 80（2）.

［19］Kontuly T, Wiard S, Vogelsang R. Counterurbanization in the Federal Republic of Germany［J］. *The Professional Geographer*, 1986, 38（2）.

［20］Mitchell C J. Making sense of counterurbanization［J］. *Journal of Rural Studies*, 2003.

［21］Oates W E. The Effects of Property Taxes and Local Public Spending on Property Values: An Empirical Study of Tax Capitalization and Tiebout Hypothesis［J］. *Journal of Political Economy*, 1969（6）.

［22］Paniagua A. Counterurbanisation and new social class in rural Spain: The environmental and rural dimension revisited［J］. *Scottish Geographical Journal*, 2002, 118（1）.

［23］Robert S, Randolph W G. Beyond decentralization: the evolution of population distribution in England and Wales, 1961—1981［J］. *Geoforum*, 1983, 14（1）.

［24］Sant M，Simon P．The conceptual basis of counterurbanization：critique and development［J］．*Australian Geographical Studies*，1993（31）．

［25］Smailes P J．Demographic response to restructuring and counterurbanisation in South Australia，1981—1991［J］．*Population Space & Place*，2010，2（3）．

［26］Stark O，Bloom D E．The New Economics of Labor Migration［J］．*American Economic Review*，1985，75（2）．

［27］Stark O，Taylor J E．Migration incentives，migration types：the role of relative deprivatio［J］．*The economic journal*，1989，101（408）．

［28］Stark O，Taylor J E．Migration Types：The Role Of Relative Deprivation［J］．*The Economic Journal*，1991（101）．

［29］Tammaru T，Kulu H，Kask I．Urbanization，Suburbanization，and Counterurbanization in Estonia［J］．*Eurasian Geography & Economics*，2004，45（3）．

［30］Vining D R，Kontuly T．Population Dispersal from Major Metropolitan Regions：An International Comparison［J］．*International Regional Science Review*，1978，3（1）．

［31］Wirth L．Urbanism as a Way of Life［J］．*Amer.j.sociol*，1938，44（1）．

［32］Zhao Y．Causes and Consequences of Return Migration：Recent Evidence from China［J］．*Journal of Comparative Economics*，2002（2）．

［33］Tatsuhiko KAWASHIMA，Atsumi FUKATSU，Noriyuki HIRAOKA．*Re-urbanization of Population in the Tokyo Metropolitan Area：ROXY-index/Spatial-cycle Analysis for the Period 1947—2005*［C］．学习院大学经济论集，2007，44（1）．

（二）中文期刊论文

［1］Sholtz D A，Willsen R A，薛国屏．城市生态学［J］．世界科学，

1980（6）.

［2］白南生，何宇鹏. 回乡，还是外出？安徽四川二省农村外出劳动力
　　　回流研究［J］. 社会学研，2002（3）.

［3］蔡瑞林，陈万明，王全领. 农民工"逆城市化"的驱动因素分析［J］.
　　　经济管理，2015，37（8）.

［4］曹宗平. 内在动因，外在条件与"逆城市化"潜流［J］. 改革，
　　　2016（1）.

［5］柴彦威. 郊区化及其研究［J］. 经济地理，1995，15（2）.

［6］陈伯君. "逆城市化"趋势下中国村镇的发展机遇兼论城市化的可
　　　持续发展［J］. 社会科学究，2007（3）.

［7］陈悦，陈超美，刘则渊，等. CiteSpace 知识图谱的方法论功能［J］.
　　　科学学研究，2015，33（2）.

［8］陈兆旺. 当前中国农村劳动力回流的理性分析［J］. 成都行政学
　　　院学报，2009（3）.

［9］迟福林. 走向公平可持续增长的转型改革［J］. 经济体制改革，
　　　2013（6）.

［10］单德启. 对加强21世纪"逆城市化"现象研究的建议［J］.建筑学报，
　　　1997（10）.

［11］丁维莉，陆铭. 教育的公平与效率是鱼和熊掌吗—基础教育财政的
　　　一般均衡分析［J］. 中国社会科学，2005（6）.

［12］高向东，张善余. 上海城市人口郊区化及其发展趋势研究［J］. 华
　　　东师范大学学报（哲学社会科学版），2002，34（2）.

［13］郭敬生. 我国农村"逆城市化"发展研究［J］. 农业现代化研究，
　　　2009（1）.

［14］郭力，陈浩，曹亚. 产业转移与劳动力回流背景下农民工跨省流动
　　　意愿的影响因素分析——基于中部地区 6 省的农户调查［J］. 中
　　　国农村经济，2011（6）.

［15］黄少安，孙涛．中国的"逆城市化"现象："非转农"——基于城乡户籍相对价值变化和推拉理论的分析［J］．江海学刊，2012（3）：7．

［16］姜晓萍，陈朝兵．公共服务的理论认知与中国语境［J］．政治学研究，2018，143（6）．

［17］蒋长流，张松祺．"逆城市化"：观察维度与制度反思［J］．上海经济研究，2015（7）．

［18］郎咸平．中国的"逆城市化"之殇［J］．城市住宅，2012（6）．

［19］黎嘉辉．城市房价，公共品与流动人口留城意愿［J］．财经研究，2019，451（6）．

［20］李楠．农村外出劳动力留城与返乡意愿影响因素分析［J］．中国人口科学，2010（6）．

［21］李铁．关注逆城镇化现象 推动乡村振兴发展［J］．人民论坛，2018（5）．

［22］李拓，李斌．中国跨地区人口流动的影响因素—基于286个城市面板数据的空间计量检验［J］．北京：中国人口科学，2015（2）．

［23］梁若冰，汤韵．地方公共品供给中的 Tiebout 模型：基于中国城市房价的经验研究［J］．世界经济，2008（10）．

［24］林李月，朱宇，柯文前，等．基本公共服务对不同规模城市流动人口居留意愿的影响效应［J］．地理学报，2019，74（4）．

［25］刘传江．世界城市化发展进程及其机制［J］．发展经济学研究，2007（1）．

［26］刘欢．户籍管制、基本公共服务供给与城市化——基于城市特征与流动人口监测数据的经验分析［J］．经济理论与经济管理，2019（8）．

［27］刘洁泓．城市化内涵综述［J］．西北农林科技大学学报（社会科学版），2009（4）．

［28］刘金凤，魏后凯．城市公共服务对流动人口永久迁移意愿的影

响〔J〕．经济管理，2019，41（11）．

［29］刘敏．人口流动新形势下的公共服务问题识别与对策研究〔J〕．宏观经济研究，2019，246（5）．

［30］刘乃全，宇畅，赵海涛．流动人口城市公共服务获取与居留意愿——基于长三角地区的实证分析〔J〕．经济与管理评论，2017（6）．

［31］刘新静．郊区化与"逆城市化"：中国都市群发展的重要模式〔J〕．南通大学学报（哲学社会科学版），2008（4）．

［32］鲁继通．京津冀都市圈人口变动与城市化的空间发展态势——基于ROXY指数分析〔J〕．工业技术经济，2015，34（4）．

［33］毛新雅，王红霞．城市群区域人口城市化的空间路径——基于长三角和京津冀ROXY指数方法的分析〔J〕．人口与经济，2014（4）．

［34］孟祥林，张悦想，申淑芳．城市发展进程中的"逆城市化"趋势及其经济学分析〔J〕．经济经纬，2004（1）．

［35］牛建林．城市"用工荒"背景下流动人口的返乡决策与人力资本的关系研究〔J〕．人口研究，2015（2）．

［36］彭希哲．剥离式改革：大城市户籍制度改革新方向〔J〕．探索与争鸣，2013（11）．

［37］齐红倩，席旭文，刘岩．福利约束与农业转移人口逆城镇化倾向〔J〕．中国人口·资源与环境，2018，28（1）．

［38］乔宝云，范剑勇，冯兴元．中国的财政分权与小学义务教育〔J〕．中国社会科学，2005（6）．

［39］邱国盛．当代中国"逆城市化"研究（1949–1978）〔J〕．社会科学辑刊，2006．

［40］曲延春．差序格局、碎片化与农村公共产品供给的整体性治理〔J〕．中国行政管理，2015（5）．

［41］任远，施闻．农村外出劳动力回流迁移的影响因素和回流效应〔J〕．人口研究，2017，41（2）．

［42］沈东. 新型城镇化、市民化与逆城镇化［J］. 江淮论坛，2019（1）.

［43］盛来运. 国外劳动力迁移理论的发展［J］. 统计研究，2005，8（8）.

［44］孙群郎. 20 世纪 70 年代美国的"逆城市化"现象及其实质［J］. 世界历史，2005（1）.

［45］孙群郎. 城市空间周期论驳论——兼议聚集扩散论［J］. 河南师范大学学报：哲学社会科学版，2019，46（1）.

［46］孙群郎. 试析美国城市郊区化的起源［J］. 史学理论研究，2004（3）.

［47］孙中伟，孙承琳. 警惕空气污染诱发"逆城市化"：基于流动人口城市居留意愿的经验分析［J］. 华南师范大学学报（社会科学版），2018（5）.

［48］汤长平，周倩. 西欧的"逆城市化"和农村开发［J］. 兰州大学学报（社会科学版），2019，47（3）.

［49］唐任伍，肖彦博，张亮. 以合作治理医治"逆城市化"之殇［J］. 经济学动态，2016，000（11）.

［50］唐任伍，肖彦博. 基于 ROXY 指数的中国"逆城市化"［J］. 经济与管理研究，2017，38（3）.

［51］陶钟太朗，杨环. 论作为新型城镇化自主动因的"逆城市化"［J］. 甘肃社会科学，2015（2）.

［52］王春超，李兆能，周家庆. 躁动中的农民流动就业——基于湖北农民工回流调查的实证研究［J］. 华中师范大学学报（人文社会科学版），2009，48（3）.

［53］王放. 从第六次人口普查看北京市郊区化的发展［J］. 人口与发展，2015，123（6）.

［54］王文龙. 反向留守、"逆城市化"与中国新型城镇化［J］. 中州学刊，2014（1）.

［55］王兴周. 多重视角下的"逆城市化"概念［J］. 广西民族大学学报

（哲学社会科学版），2019，41（4）.

［56］王旭．"逆城市化"论质疑［J］．史学理论研究，2006（2）.

［57］王祖山，周明月，梁世夫．居住福利、人口流动与城镇化——基于江苏省的实证分析［J］．中南民族大学学报（人文社会科学版），2017，37（4）.

［58］伍振军，郑力文，崔传义．中国农村劳动力返乡：基于人力资本回报的理论和实证分析［J］．经济理论与经济管理，2011（11）.

［59］夏怡然，陆铭．城市间的"孟母三迁"——公共服务影响劳动力流向的经验研究［J］．管理世界，2015（10）.

［60］夏怡然，陆铭．城市间的"孟母三迁"——公共服务影响劳动力流向的经验研究［J］．管理世界，2015（10）.

［61］肖瑞青，刘希庆，林琛，等．核心城区逆城镇化背景下郊区小城镇城镇化发展路径研究——以北京市顺义区杨镇为例［J］．北京城市学院学报，2020（1）.

［62］谢守红．当代西方国家城市化的特点与趋势［J］．山西师范大学学报（自然科学版），2003（4）.

［63］徐和平．"逆城市化"：发达国家城市化发展趋势［J］．贵州财经学院学报，1996（4）.

［64］许成安，戴枫．城市化本质及路径选择［J］．淮阴师范学院学报（哲学社会科学版），2002，24（4）.

［65］杨爱婷，宋德勇．中国社会福利水平的测度及对低福利增长的分析——基于功能与能力的视角［J］．数量经济技术经济研究，2012（11）.

［66］杨刚强，孟霞，孙元元，等．家庭决策、公共服务差异与劳动力转移［J］．宏观经济研究，2016（6）.

［67］杨义武，林万龙，张莉琴．地方公共品供给与人口迁移——来自地级及以上城市的经验证据［J］．中国人口科学，2017（2）.

［68］杨云彦.中国人口迁移的规模测算与强度分析［J］.中国社会科学，2003（6）.

［69］叶裕民.中国城市化的制度障碍与制度创新［J］.中国人民大学学报，2001（5）.

［70］佚名.治理整顿时期的经济发展及其增长方式的转折［J］.经济研究参考，1993.

［71］岳欣.中国特色的"逆城市化"发展研究［J］.宏观经济管理，2016（11）.

［72］张慧.中产阶层逆城镇化生活方式研究——以大理现象为例［J］.湖南师范大学社会科学学报，2018（2）.

［73］张启春，梅莹.长江经济带人口空间分布的"逆城市化"趋势及影响因素研究［J］.华中师范大学学报（人文社会科学版），2020，59（1）.

［74］张善余."逆城市化"——最发达国家人口地理中的新趋向［J］.人口与经济，1987（2）.

［75］张世勇.新生代农民工"逆城市化"流动：转变的发生［J］.南京农业大学学报（社会科学版），2014，14（1）.

［76］张文新.近十年来美国人口迁移研究［J］.人口研究，2002，26（4）.

［77］张希.中国人口流动政策的演进，特点与建议［J］.宏观经济研究，2019，244（3）.

［78］张骁鸣.从区域的角度来理解城市郊区化［J］.现代城市研究，2003，18（5）.

［79］张晓忠."逆城市化"对新型城镇化建设的影响及对策［J］.中共福建省委党校，2014（2）.

［80］张艳，柴彦威.生活活动空间的郊区化研究［J］.地理科学进展，2013，32（12）.

［81］张翼.农民工"进城落户"意愿与中国近期城镇化道路的选择［J］.

中国人口学，2011（2）.

［82］张准. 中美"逆城市化"现象之比较［J］. 生产力研究，2012（1）.

［83］郑卫，李京生. 论"逆城市化"实质是远郊化［J］. 城市规划，2008（4）.

［84］周佳宁，邹伟，秦富仓. 等值化理念下中国城乡融合多维审视及影响因素［J］. 地理研究，2020（8）.

［85］周叔莲，郭克莎. 中国城乡经济及社会的协调发展［J］. 管理世界，1996（3）.

［86］周铁训. 21世纪中国均衡城市化目标及模式选择［J］. 经济学家，2001，4（4）.

［87］周一星，孟延春. 中国大城市的郊区化趋势［J］. 城市规划汇刊，1998（3）.

［88］周一星. 城镇郊区化和逆城镇化［J］. 城市，1995（4）.

［89］周一星. 就城市郊区化的几个问题与张骁鸣讨论［J］. 现代城市研究，2004（6）.

［90］朱建江. 从"广域型市制"到"聚落型市制"：协调平衡发展下的城乡管理体制优化研究［J］. 南京社会科学，2019（1）.

［91］朱建江. 广域型市制下的城乡一体化机制建设［J］. 甘肃社会科学，2018（1）.

［92］丁宁. 中国特色城乡关系：从二元结构到城乡融合的发展研究［D］. 长春：吉林大学，2020.

［93］路雅文. 中国乡－城人口迁移的驱动机理研究［D］. 北京：中国农业大学，2019.

［94］沈东. 由城入乡：安镇的人口"逆城市化"实践［D］. 上海：华东师范大学，2017.

［95］沈东. 由城入乡：安镇的人口"逆城市化"实践［D］. 上海：华东师范大学，2017.

［96］王晓丽．中国人口城镇化质量研究［D］．天津：南开大学，2014.

［97］张延曼．新时代中国特色城乡融合发展制度研究［D］．长春：吉林大学，2020.

［98］张延曼．新时代中国特色城乡融合发展制度研究［D］．长春：吉林大学，2020.

［99］赵成伟．区域协同发展视角下首都人口疏解作用路径及效果研究［D］．北京：北京邮电大学，2019.

［100］新华网．中共中央 国务院 印发《乡村振兴战略规划（2018 — 2022 年 ）》［Z］．［EB/OL］．［2018-9-26］.https://baijiahao.baidu.com/s?id=16126754626486113797&wfr=spider&for=pc.

［101］蔡昉．重新认识城市基本功能 回归"公共产品提供者"本意．［EB/OL］．（2012-03-25）［2023-03-01］．http:news.ifeng.com/c/7fbkfxsFGfh.

［102］湖南省中国特色社会主义理论体系研究中心．实施乡村振兴战略·走城乡融合发展之路［EB/OL］．（2018-03-16）［2023-03-01］．http://theory.people.com.cn/n1/2018/0316/c40531-29872447.html.

［103］彭真．彭真同志总结报告摘要［C］//北京市人大常委会办公厅，北京市档案馆．北京市人民代表大会文献资料汇编（1949-1993）．北京：北京出版社，1996.

［104］胡锦涛．高举中国特色社会主义伟大旗帜，为夺取全面建设小康社会新胜利而奋斗：在中国共产党第十七次全国代表大会上的报告［N］．人民日报，2007-10-25（1）.